TOREANDO EL BULLYING

HERRAMIENTAS MILENARIAS PARA APRENDER DE TUS EMOCIONES

Arturo Morales Ramos

www.TOREANDOELBULLYING.com

Ochi

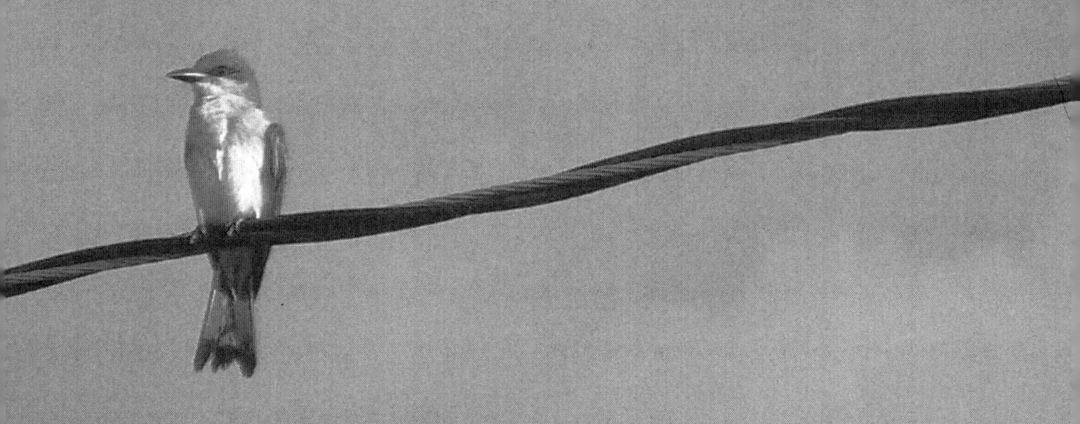

Toreando el Bullying:
Herramientas milenarias para aprender de tus emociones

ISBN-13: 978-1477667767
ISBN-10: 1477667768

Corrección y edición: Sonia Franqui
Luz Carrero
Fotografía: Rosimar Rivera (Ochi), Arturo Morales Ramos (AMR)
Diseño gráfico, portada y montaje: Juan Carlos Torres Cartagena

Impreso en Estados Unidos de América.

ÍNDICE

11 Nota del autor
13 Agradecimientos
15 Prólogo
23 Gracias a la crisis...
27 Aprendiz de Torero
36 Demarcando la Cultura Bullying
45 ¿Deseamos continuar viviendo así?...
58 Tiempo de Hacer vs Tiempo del Ser
78 Mirada de proceso
87 ¿Existe un mapa para ser madres y padres?
95 La ventana de la e-moción
105 La cruz que todos cargamos
126 Nuestra obsesión por el juicio y las etiquetas
137 ¿Por qué y para qué?
146 El tirano gran maestro y sus cinco consejeros
182 ¡En qué quedamos...!
190 Todo final es un comienzo...
193 Doce pasos para desarrollar la mirada de proceso
196 Diez ideas sugeridas de políticas públicas para la construcción de una sociedad no violenta
198 La historia detrás de Toreando el Bullying
205 Sobre el autor: Mirada a su proceso
207 Pequeña biblioteca sugerida para la construcción de la mirada de proceso

La no violencia no es una
vestimenta que uno se pone y
saca a voluntad.
Su sede se encuentra en el
corazón, y debe ser una parte
inseparable de nuestro ser.

Quien procure nuevas
experiencias, debe empezar por
sí mismo.
Eso lo conducirá a un veloz
descubrimiento de la verdad,
porque Dios siempre protege a
los experimentadores honestos.

Mahatma Gandhi

Ayúdame a hacerlo por mí mismo.
Cualquier ayuda innecesaria es un
obstáculo para el desarrollo.
El instinto más grande de los niños
es precisamente liberarse del adulto.

María Montessori

Ochi

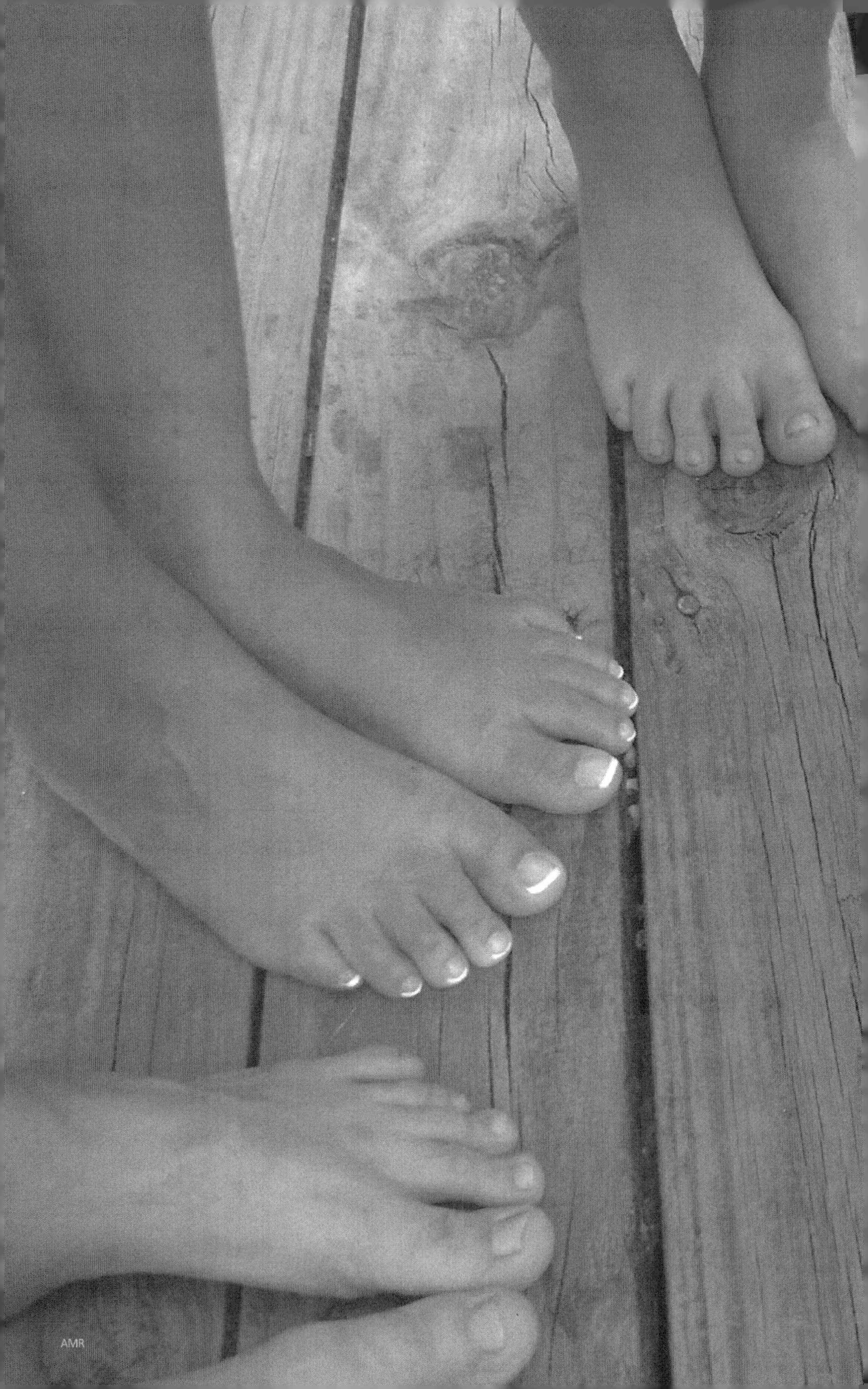
AMR

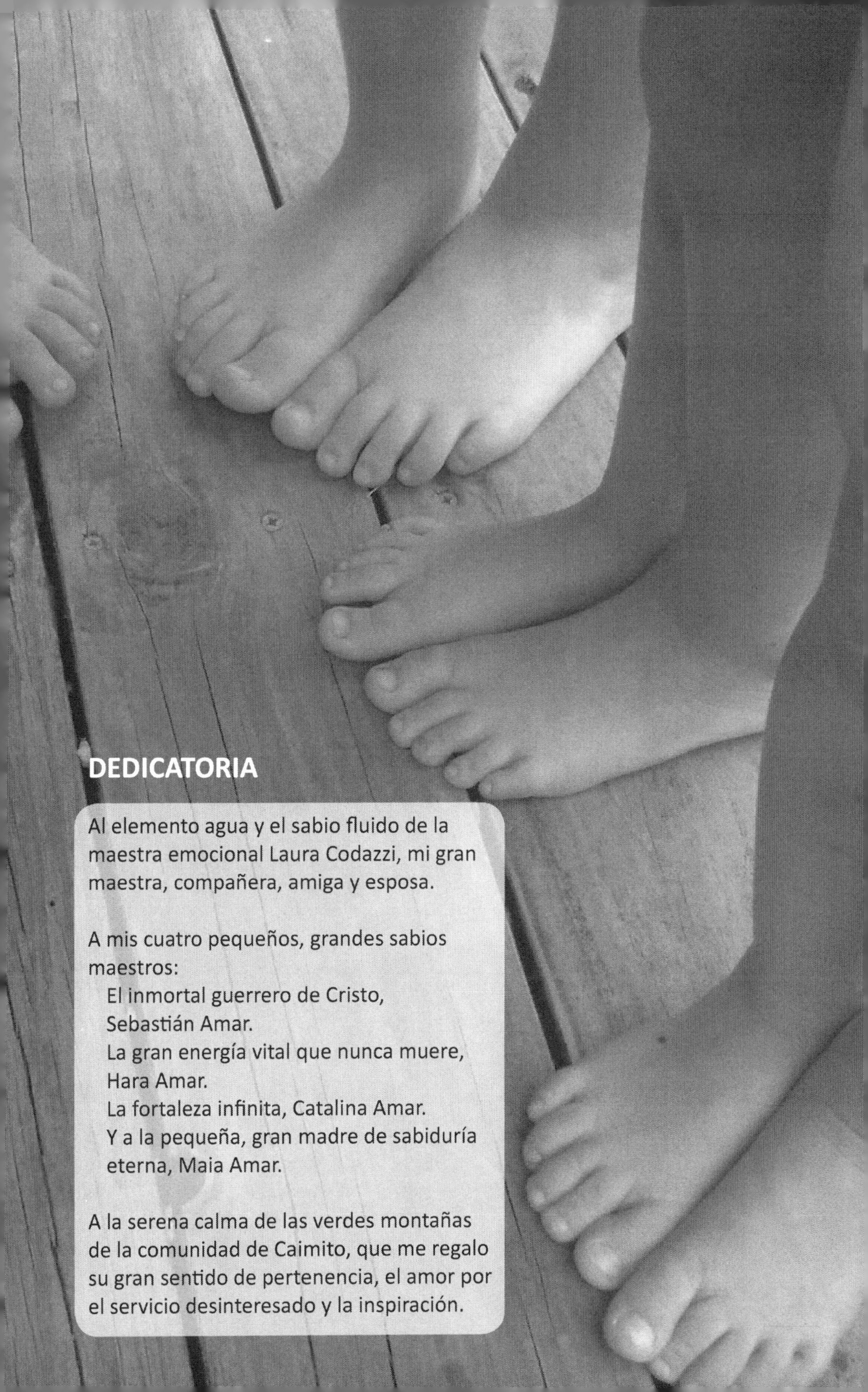

DEDICATORIA

Al elemento agua y el sabio fluido de la maestra emocional Laura Codazzi, mi gran maestra, compañera, amiga y esposa.

A mis cuatro pequeños, grandes sabios maestros:

El inmortal guerrero de Cristo,
Sebastián Amar.
La gran energía vital que nunca muere,
Hara Amar.
La fortaleza infinita, Catalina Amar.
Y a la pequeña, gran madre de sabiduría
eterna, Maia Amar.

A la serena calma de las verdes montañas de la comunidad de Caimito, que me regalo su gran sentido de pertenencia, el amor por el servicio desinteresado y la inspiración.

Ochi

NOTA DEL AUTOR

Todo está dicho...
para el que tiene oídos y hace pausas para escuchar. (AMR)

Reconociendo que las formas de construir el conocimiento son tan diversas, y cada ser humano posee diferentes formas de comprender la información, de aprender e internalizar los conceptos, he utilizado el apoyo de cuentos de sabiduría milenaria que han sido incluidos en alguna parte del texto y están identificados con este símbolo ֍. Estos cuentos tienen la intención de ayudar como instrumentos de pausa y comprensión, a través de la sabiduría popular, a encajar espontáneamente cierta comprensión superior que lo acerque y lo conecte con la esencia de su Ser. Los mismos lo acercarán a esa sabiduría eterna que vive a la espera de nuestro encuentro. Estos cuentos proceden de diversas culturas y religiones –sufíes, budistas, cristianos, zen, e hindúes– y pertenecen a la autoría de la herencia espiritual de la sabiduría eterna de la raza humana. Los cuentos están siendo utilizados para lo que los maestros-guías los crearon: como pausas de reflexión para remover la ilusión y despertar la sabiduría que se encuentra dormida dentro de nosotros.

He incluido áreas con cuentos acompañados por imágenes fotográficas para sugerirte que hagas una pausa y dejes de leer unos momentos para que sientas y experimentes el silencio y reflexiones sobre lo que la imagen te evoca y lo que acaba de decirse. Estas pausas funcionan como el agua que cae sobre la semilla que tu eres que esta por brotar en flor. Disfruta las pausas y construye de esta lectura tu propio viaje, tu propia canción.

.X. Los cuentos que al finalizar llevan el siguiente símbolo **.X.** pertenecen a la sabiduría popular de diferentes culturas y fueron recolectados por el jesuita Anthony de Mello en el libro *La Oración de la Rana*, Tomo I y II.

Ochi

AGRADECIMIENTOS

Al fluir constante del inmanente cambio donde suelen habitar los maestros-guías. (AMR)

A todos los seres que habitan y han habitado en este planeta, que dedican y dedicaron de su energía para enseñar, divulgar o escribir en sus respectivos lenguajes, antiguos y modernos, tratando de responder las siguientes interrogantes: ¿De qué naturaleza es esta realidad? ¿Quiénes somos? ¿Cuál es el propósito ulterior de la vida? ¿Qué es el aprendizaje y cuál es el verdadero aprendizaje? ¿Cómo impacta el aprendizaje en el desarrollo del ser humano? ¿Qué podemos hacer con nuestro conocimiento? ¿De dónde nace la humildad y la gracia? ¿Cómo abordaremos la educación desde las similitudes, más que desde las diferencias? ¿Cuáles son las cualidades de la expresión espiritual en la educación? ¿Qué es en esencia el acto de descubrir? ¿Por qué es importante la creatividad? ¿Qué es la ciencia y cómo puede ayudarnos a conocernos mejor internamente? ¿Cómo puede haber un completo desarrollo del cuerpo, de las emociones, de la capacidad para pensar y del espíritu, de manera que todo ser se torne asombrosamente sensible a cuanto lo rodea, a cada reto, a cada influencia externa e interna? A todos ellos y ellas mis respetos por haber logrado romper muchos paradigmas y cristalizaciones que cubrían con su sombra al planeta y a la mente de la humanidad, dándonos a nosotros los aprendices de sus enseñanzas un sentido de verdadera certeza. Gracias porque son ustedes grandes maestros-guías a los que les debemos el actual conocimiento.

Este libro es una mera humilde síntesis de dicha milenaria sabiduría al hacer un esfuerzo por delinear, vincular y conectar conocimientos que nos ayuden con el reto para pasar de un estado del ser a otro, logrando así construir una mirada de nuestras emociones, una nueva visión de nuestros procesos de vida, de forma consciente y responsable.

Ochi

PRÓLOGO

Toreando el Bullying es el resultado de la constante revisión de la mirada de proceso de la trayectoria de mi propia vida. El concepto *"Toreando el Bullying"* es la construcción de un aprendizaje desarrollado a través del andamiaje en la mirada de los procesos de mi vida. Siempre supe que tenía que organizar, contar y enseñar a otros todos esos torbellinos creativos que se manifiestan en ideas, pero sobre todas las cosas tenía que escribirlas organizadamente en un libro. Fueron muchos los acosos culturales, a nivel interno y externo, que paralizaron la producción del contenido de estas páginas. Sinceramente, en un principio lo único que a ciencia cierta uno reconoce es la certeza de tener que comunicar y escribir. El cómo iniciar, es lo incierto. Es un laberinto eslabonado en donde solo percibes ese único eslabón que te recuerda que tienes que poner por escrito las ideas que han sido develadas a la conciencia. Incluso uno solo ve ese eslabón, los demás faltan. Menos aún, puedes percibir que el lugar presente sea el eslabón en que estás postrado, siendo ese instante un prolongado "momento de crisis", ni reconocer que dicho momento de crisis es el eslabón que te conectará con la totalidad del laberinto.

Dicho laberinto forma parte de una larga experiencia que tomo cuarenta y cuatro años, viajes y aventuras por el mundo: Estados Unidos, Canadá, Colombia, México, Guatemala, El Salvador, Honduras, Nicaragua, Costa Rica, Argentina y Turquía. Para luego asentarme en la pausa en Puerto Rico y continuar viajando en la unión matrimonial con una extranjera, Laura –la argentina– mi amiga, compañera, esposa y madre de mis cuatro hijos. Además de muchos diálogos con amigos y familiares, muchas lecturas de libros y conversaciones imaginativas y gozosas, con autores considerados maestros-guías del aprendizaje, que he internalizado hasta este momento. Como también, centenares de estudiantes que presenciaron y compartieron sus procesos de vida en clases que he impartido durante once años como profesor universitario. Este fue el tiempo indicado y preciso para lograr saber y comprender la cadena eterna del laberinto eslabonado y sus múltiples conexiones con otros laberintos en potencia que he comenzado a percibir. En este trayecto descubrí en mi propia *mirada de proceso* que nadie puede avanzar en el camino a menos que ayude a otros a avanzar, que uno no puede ser realmente próspero y disfrutar de la vida a menos que haga que otros prosperen y gocen de las maravillas de la vida. También pude observar y llegar a comprender en la acción comprometida que la *Grandeza* es la habilidad de trabajar para alcanzar un propósito sin sentir cansancio. En el proceso del desarrollo de esta *MIRADA*, el enfoque interno del lente de mis valores ha sido ajustado múltiples veces, revisado y reajustado para así lograr destruir en el camino falsas filosofías y paradigmas que abundan en nuestros días y que acosan y cristalizan con miedo y temor nuestras certezas y seguridades internas espirituales.

Toreando el Bullying significa mi rito de paso o pequeña graduación para pasar de un estado del ser a otro, de ser Aprendiz de Torero a ser un Torero. Es imperativo reconocer que la *mirada de proceso* me enseñó que todo buen Torero será siempre un buen Aprendiz. Al igual que todo Gran Maestro será siempre un Gran Estudiante. El aprendizaje en sí mismo es la acción guiada por la búsqueda innata, la cual es siempre impulsada por el gozo del Ser creativo y espontáneo del descubrir. El verdadero Torero es aquel que desarrolla en la pausa consciente, la calma, el temple, la paciencia, la gracia, la sensata comprensión de sus emociones, seguridad en sí mismo y la confianza para torear solamente cuando el *Bully* o alguna situación lo embista en su vida. Este Aprendiz de Torero entiende que el aprendizaje es una construcción colaborativa de conocimientos y valores socialmente definidos, y éste ocurre mediante oportunidades establecidas socialmente *"en las buenas y en las malas"* que uno tiene que ir revisando, observando y reconstruyéndo para transformarlas en propias como fundamento de nuestra sabiduría del Ser. El rol del Aprendiz de Torero es mantener activa la revisión de la *mirada de proceso* consigo mismo y con los otros, enfocando su acción de aprender en los siguientes factores: pensar activamente, explicar, interpretar, cuestionar, saber pausar la mente con la respiración, la meditación y mantener activa su participación social. Todo gran torero reconoce su dolor, su angustia. Este dolor surge a raíz de la máscara de nuestra persona que se aferra a valores que sustentan todo tipo de acosos culturales sin querer mirar o medir las consecuencias de nuestras acciones.

Esos valores son tales para nosotros porque en nuestro encierro psicológico nos es imposible alcanzar el sentido de los verdaderos valores que surgen de la vida natural, de la Verdad. De la verdad que emana de la mirada integral de nuestros propios procesos de vida. El no lograr mirarnos surge por hallarnos aprisionados en las órdenes, las costumbres, los recuerdos, los caprichos, los pensamientos y las emociones. De tal forma nuestra imaginación se proyecta constantemente hacia un futuro, quedando estancada en las ilusiones creadas por nuestros sentidos que se aferran a lo socialmente aceptado –*status quo*. La misma acción de no mirarnos hace que ante un "momento de crisis" busquemos siempre un responsable externo para no tener que aceptar la responsabilidad propia sobre lo acontecido. De tal forma, preferimos apostar a la desconfianza como parte de la cadena de reacciones impulsadas por el miedo-ansiedad que nos aprisiona, detonando la reacción culturalmente aprendida de buscar un culpable para subsanar el hecho apremiante de tener que *mirar-nos*, sin máscaras e ilusiones, y finalmente mirar el propio proceso desde la esencia innata de nuestro Ser.

Con el fin de desarrollar esta nueva mirada de proceso, necesitamos reconocer, que podemos aprender mucho sobre nosotros mismos si prestamos atención a nuestras emociones.

Para lograr esto, es imperativo sumergirnos progresivamente en las capas más hondas de nuestra mente para así poder explicar e interpretar nuestras reacciones emocionales. Se profundiza de nivel en nivel, repitiendo la *mirada de proceso* en las diferentes etapas hasta alcanzar una mirada consciente, clara y que genere un estado de calma, comprensión profunda y paz en la persona. Por ejemplo, esta mirada de proceso se da cuando nos miramos desde la distancia de nuestro propio enojo y nos damos cuenta de que estamos enojados por lo que consideramos una ofensa y nos disgustamos con esa persona, reconociendo que lo único que conseguiremos si nos quedamos situados en el enfado y el enojo es que la otra persona aumente también su enojo y la mayoría de las veces llegando a un callejón sin salida, incluso cuando nos disgustamos con nuestros seres queridos. Para poder conocer y tratar más eficazmente nuestras emociones, hace falta saber cómo surgen y cómo se controlan y por qué los demás y nosotros nos enfadamos frente a los diferentes tipos de acosos existentes en una *"Cultura Bullying"*.

La construcción temática de este libro está enfocada y elaborada desde el ángulo de asistencia y facilitación de herramientas necesarias para la persona que es impactada por un suceso tipo *bullying* o que ha vivido una situación tipo emocional que afecta su conducta social, laboral o su desarrollo académico. En especial, las ideas que se construyen a través de la lectura están directamente dirigidas a los padres, maestros y encargados de aquellos *Aprendices de Torero,* y a toda persona en general que desee conocer sobre los procesos emocionales y destrezas milenarias para manejarlas como un aprendiz que desea *Torear* hasta su propio *bullying* interno: el acoso de nuestras exigencias y pensamientos irracionales. El Aprendiz de Torero es todo aquel que desee aprender en profundidad acerca de sus emociones, sus reacciones y cómo las interacciones sociales de todo tipo generan en uno, una reacción. El Aprendiz de Torero busca desarrollar sus potencialidades, conocerse a sí mismo y mirar su proceso interno para lograr manejar eficazmente las diferentes reacciones del *bullying* o tipos de acosos que surgen a todos los niveles en los diferentes espectros sociales.

Toreando el Bullying es una herramienta milenaria para desarrollar una percepción unitaria, sabia e inteligente, que se extienda más allá del círculo de nuestra mentalidad de rebaño para adentrarnos a descubrir la sabiduría de la calma en la mirada de nuestro presente, aquí y ahora, para afrontar sabia y exitosamente los diferentes acosos y acontecimientos de la vida.

Arturo Morales Ramos
Comunidad de Caimito
San Juan, Puerto Rico

AMR

Cuando crezcas, descubrirás que ya defendiste mentiras,
te engañaste a ti mismo o sufriste por tonterías.
Si eres un buen guerrero, no te culparás por ello,
pero tampoco dejarás que tus errores se repitan.

Paulo Cuelho

AMR

GRACIAS A LA CRISIS...

He sido un hombre afortunado en la vida: nada me fue fácil.
Sigmund Freud

¿Qué sería de la vida si no tuviéramos el valor de intentar algo?
Van Gogh

He de reiterar que la educación en todo el mundo está en crisis. Nos hallamos en un proceso de transformación que no es sólo de la educación, sino de la sociedad en general. La crisis nos está forzando a movilizar las neuronas del pensamiento para indagar, revisar nuestros procesos y replantearnos: ¿Qué es el ser humano, cuál es el sentido y propósito de vivir? ¿Cómo armonizamos nuestra cualidad física, emocional, mental y espiritual para poder integrarnos con más resonancia con el prójimo y con el *Todo* a nivel social y espiritual? La actual crisis de valores, junto a las diferentes formas y manifestaciones emocionales violentas que socialmente estamos viviendo, han detonado un estado vigilante en cada persona desde temprana edad hasta la vejez.

Según el gran maestro y científico Albert Einstein: "No pretendamos que las cosas cambien, si siempre hacemos lo mismo. La crisis es la mejor bendición que puede sucederle a personas y países porque la crisis trae progresos. La creatividad nace de la angustia como el día nace de la noche oscura. Es en la crisis que nacen la inventiva, los descubrimientos y las grandes estrategias. Quien supera la crisis se supera a sí mismo sin quedar superado." En adelante, utilizaremos este principio de Albert Einstein para la comprensión de cualquier tipo de crisis. Además, cuando analizamos en profundidad la procedencia del ideograma chino para crisis, la palabra "**crisis**" (***weiji***) se compone de dos ideogramas: compuesto por dos raíces: "***wei***" que significa "peligro" y la otra "***ji***" que significa "oportunidad. Retomamos el concepto de la crisis como una señal de que algo está por nacer y toda novedad requiere de valentía para reconocer y aceptar que para adentrarnos a lo nuevo hay que dejar atrás patrones conductuales de la personalidad que ya no son necesarios dentro del contexto de las nuevas circunstancias generadas por esa semilla que se está gestando en nosotros. Si no dejamos atrás nuestros patrones de conducta podemos entrar en una zona de "peligro," en cambio cuando aceptamos y reconocemos el proceso en el cual estamos inmersos comenzamos a ver el "momento de crisis" como una "oportunidad" para pasar de un estado del Ser a otro. Al *mirar el proceso* de la crisis podríamos notar que ésta nos ayuda a salir de la zona cómoda o confort ayudando a desarrollar una mirada hacia dentro de nuestro ser para ir encaminándonos poco a poco a la revisión de los procesos actuales de nuestra vida. La crisis es la herramienta, que vista desde un ángulo consciente, irá despertando el potencial de la creatividad y vinculando nuestros conocimientos previos con nuevas formas inconscientes que comienzan a atarse con detalles conscientes de nuestra realidad concreta para entonces ir construyendo nuevas soluciones creativas que surjan de la revisión de aquello que nos tenía detenidos inmersos en una crisis, sea la que fuese. Si se comprenden adecuadamente estos "momentos de crisis" y se tratan como etapas conflictivas dentro de un proceso de desarrollo natural, estos momentos pueden producir cambios sustanciales en la personalidad, soluciones a importantes problemas de la vida y hasta la curación espontánea de desórdenes emocionales.

Recordando la lírica de la canción *"Gracias a la vida que me ha dado tanto",* compuesta por Violeta Parra y que hizo popular Mercedes Sosa, podríamos cambiar y sustituir "vida" por "crisis" y cantar algo así como: "Gracias a la crisis que me ha dado tanto", que me ha dado la angustia de estar en la pausa para comenzar a observarme; que me ha dado un espejo para tener que mirarme; gracias a la crisis he descubierto herramientas para ser creativo y salir del peligro; gracias a la crisis estoy por nacer y reconocerme de nuevo.

AMR

Ochi

APRENDIZ DE TORERO

En el caso específico del **niño-joven-adulto**[1] bully sucede una cadena de acontecimientos. Primero, el *bully* es la persona que está agrediendo a otro niño-joven-adulto a nivel emocional o físico. Segundo, dicha agresión va a detonar una crisis en el niño agredido. Y tercero, la crisis generará una energía espectral dentro del niño agredido que se divide a tres niveles: físico, emocional y mental.

Junto a estos tres niveles encontramos la cadena de circunstancias que se detonan en el entorno de la escuela, casa y familia. La crisis que surge en el niño-joven-adulto agredido va a variar de acuerdo a las herramientas emocionales con que cuente éste. Hay que reconocer que la mayoría de las personas que han sufrido las consecuencias del *bullying* son niños y jóvenes pasivos que se les hace difícil lidiar con situaciones violentas y emocionalmente conflictivas.

Todo aquel que desee conocer en profundidad sus emociones y convertirse en un Aprendiz de Torero debe profundizar en las siguientes preguntas: ¿Qué puedo hacer para enfrentar al *bullying* o cualquier tipo de acoso? ¿Qué puedo hacer para reconocer la crisis que ha generado el suceso de acoso en mi ser? ¿Quién soy? ¿Cómo puedo manejar esta situación? Podemos inferir que el denominador común para contestar estas preguntas tiene que ver con el manejo de una crisis que está directamente influenciada por las emociones y miedos que se detonan a

---

1. En adelante la utilización del concepto niño-joven-adulto se refiere a que en cada nivel de desarrollo existen los demás niveles en potencia. Reconoce también que puede darse el caso que en el nivel de adulto conozcamos a nuestro niño herido o al joven-adolescente que dejamos abandonado. También en todo niño existe un adolescente y un adulto en potencia, si éste es tratado como tal desde su propio nivel de comprensión.

diferentes niveles del sistema de valores, según la circunstancia o suceso que generó la crisis.

Cuando hacemos una revisión de las situaciones que nos incomodan, podemos resumirlas en dos factores: el miedo y la falta de confianza en uno mismo. Es importante preguntarnos lo que significa el miedo para mí. ¿Qué es para mí? El miedo al *bully*, a enfrentarme a alguien, a cambiar la zona cómoda, a cambiar de actitud, a perder frente a los demás, a revisar las diferentes emociones, a poner en práctica nuevas ideas y, por último, el miedo a tomar decisiones.

Hay que reconocer que enfrentar una situación tipo *bullying* amenaza nuestra confianza y detona diferentes miedos que se activan en el organismo. Para comprender esto es de suma importancia identificar cómo es que surgen los miedos en nosotros y cómo nace la confianza. Sea cual fuese el tipo de miedo, desarrollaremos ejemplos y herramientas prácticas y necesarias para construir y mejorar nuestra capacidad emocional, ofreciendo conocimientos para liberarnos de los temores que produce el enfrentarse a una situación tipo *bullying* o de cualquier tipo de acoso. La idea es aprender a desarrollar una actitud o voluntad para mirar de forma diferente los acontecimientos habituales de nuestra vida y desarrollar una mirada de percepción holística. ¿Por qué ocurre ese tipo de miedo paralizante al enfrentarnos a un *bully*? La respuesta incluye un factor psicológico debido a la fuerte tendencia de la mente a aferrarse a lo que resulta familiar y a defenderse contra aquello que amenaza con poner en peligro el equilibrio emocional. La percepción de inseguridad es la impulsora de la mayoría de las decisiones que tomamos y de las acciones que llevamos a cabo en la mayor parte de nuestra vida. Estudiamos una carrera con "salida profesional", buscamos un trabajo en una compañía "estable", trabajamos para otros porque no nos atrevemos a crear nuestro propio negocio, o hacemos lo que sea necesario para sentirnos seguros y a salvo. La inseguridad es una manifestación indirecta de los miedos personales por lo que el primer paso sería preguntarnos: ¿Cuáles son los miedos personales que están condicionando mi vida? ¿Qué haría distinto si no tuviese estos miedos? Es común que los miedos construyan inseguridades que se van transformando en valores que asumimos como propios, por miedo al cambio. Estos valores los representamos como si fuesen modos efectivos de funcionamiento que se transforman en verdades para nuestros niños-jóvenes-adultos. Es por eso que es importante revisarnos nosotros como seres humanos antes de tratar de ayudar a nuestros niños-jóvenes-adultos con su crisis.

El vivir una experiencia *bullying* hace que la mente del afectado emplee internamente para defenderse la inadecuación de sus ideas básicas ante la vida. Esta inadecuación de sus ideas surge por la falta de información sobre los diferentes aspectos de la realidad social y la falta de entendimiento y comprensión de sus emociones. Principalmente, debemos reconocer que vivir una experiencia *bullying* es una señal de que algo está internamente por nacer dentro de la persona agredida, y que existe una zona de desarrollo próximo en la víctima afectada que está próxima a emerger. Según la perspectiva sociocultural y educativa de Lev S. Vygotsky, el desarrollo de los procesos mentales del niño depende en gran escala de las relaciones con la gente que está presente en el mundo del niño y las *herramientas* que la cultura le da para apoyar el pensamiento. Los niños adquieren sus conocimientos, ideas, actitudes y valores a partir de su trato con los demás.

El detalle a considerar es como el afectado puede transformar la situación de "peligro" en una "*oportunidad,*" en una experiencia de crecimiento emocional y de desarrollo ciudadano. Serán estas víctimas del *bullying* junto a sus familiares los *aprendices de torero*, quienes poco a poco según su nivel de relación social, irán capacitándose y desarrollándose en cómo lograr ser el mejor de los Toreros. La idea es que el Aprendiz de Torero desarrolle una *mirada de proceso* para poder observarse en el contexto cotidiano de la gente que estuvo presente en la trayectoria de su desarrollo, como también de las herramientas que la cultura le ofreció para apoyar su pensamiento actual. Esta mirada busca otorgar una conciencia informada de los patrones conductuales de la persona y la génesis de los mismos.

PASOS PARA TOREAR UN BULLY

1. Reconocer que el toro-*bully* es un gran maestro.
2. Desarrollar seguridad en uno mismo.
3. Saber parar. Manejar efectiva y sabiamente las emociones. En este sentido decía el matador de toros y poeta Sánchez Mejías que *"un hombre quieto vale más que dos hombres en mal movimiento".*
4. Tener paciencia y tolerancia con el toro-*bully*.
5. Respetar al toro-*bully* pero nunca temerle.
6. Conocer bien al toro-*bully*.
7. Observar las cualidades y debilidades del *toro-bully*
8. Poner toda la atención en los movimientos del *toro-bully*.
9. Tener temple para ir poco a poco con inteligencia reduciendo velocidad y movimientos hostiles del toro-*bully*. Tener temple es torear al son que marca el toro-*bully* e ir imponiendo el ritmo del son. Se lograr tener temple al haber revisado el proceso de experiencias vividas y haber adquirido valiosa información para comprender con inteligencia al toro-*bully*. Saber es poder.
10. Tener la confianza para torear solamente cuando el toro-bully o alguna situación nos embista sin previo aviso.

CUALIDADES Y DESTREZAS ACTIVAS EN LA MIRADA DEL APRENDIZ DE TORERO

Es importante situar la acción de aprender sobre lo siguiente:

1. Revisión activa de la *mirada de proceso* conmigo mismo y con todas las situaciones emocionales que surjan a partir de las relaciones interpersonales.
2. Pensar activamente.
3. Saber cuándo pausar el pensamiento para activar la contemplación unitaria.

4. Explicar e interpretar.
5. Cuestionar y desarrollar el diálogo interno y externo.
6. Mantener activamente la cooperación y la participación social.
7. Practicar la respiración consciente.
8. Practicar la meditación y el estudio.
9. Practicar el servicio desinteresado.
10. Concluir e iniciar la revisión activa de la *mirada de proceso.*

El principio base para lograr ser un *Gran Torero* es reconocer que el toro-*bully* es nuestro Gran Maestro. Lo importante es lograr conocer que esta crisis más que un "peligro" es una "oportunidad" para crecer. ¿Cómo entonces el toro-*bully* puede transformarse en el Maestro de Maestros? Para lograr convertirnos en un Gran Torero hay que aprender destrezas para adquirir confianza en uno mismo e ir perdiendo los propios miedos y los miedos al *bullying*.

La idea es poder sentir los sentimientos y emociones que me paralizan frente al *bully*. ¿Cuál es la interpretación de la víctima acerca del niño-joven-adulto *bully*? ¿Cómo se siente ante los acontecimientos? Hay que sacar un tiempo de contemplación, sin reaccionar compulsivamente, para escuchar y observar detenidamente la cara y expresiones de la víctima mientras nos habla de los hechos o sobre cualquier detalle que implica información sobre sus emociones. Investigar lo que pueda haber detrás de su explicación y determinar cuáles son las herramientas emocionales que a la fecha no hemos podido compartir con la víctima. También hay que establecer un plan de actividades para compartir con el niño-joven-adulto y comenzar a ser su entrenador "*coach*" emocional y ponernos al día con sus emociones y sus formas de ser e iniciar la re-educación de ambos: "aprender a aprender."

Cuando nos enfrentamos a un "peligro" como el *bullying* nos produce miedo y ansiedad. El miedo puede ser afrontado con éxito mediante la re-educación y esto sucede a través de una nueva mirada a los procesos en que van surgiendo nuestras experiencias. Reconociendo que nos aferramos a lo que resulta familiar para nosotros, tenemos que romper las barreras cómodas y enfrentarnos con carácter a querer comprender cómo funciona el mundo allá afuera. La mayoría de los niños-jóvenes-adultos afectados por un toro-*bullying* son seres con valores de convivencia ciudadana. En otras palabras, son niños y jóvenes que no disfrutan de los modelos violentos de la vida actual.

¿Queremos que estos nuevos potenciales ciudadanos de paz se transformen en ciudadanos violentos simplemente por adaptarse a un ambiente hostil o es mejor invertir de nuestro tiempo como padres, encargados, maestros y demás individuos comprometidos para facilitar y potenciar su zona emocional de desarrollo próximo a emerger para enfrentar los diferentes ambientes hostiles? De tal forma que estos nuevos toreros puedan activamente posicionarse ante los grupos como actores activos que faciliten a través de sus formas de actuar gestiones para la transformación social de las diversas instituciones sociales en las que participan de manera directa o indirecta. Si deseamos educar para preparar buenos ciudadanos que puedan realizar una contribución a la sociedad, tenemos nosotros que activarnos en una nueva forma de mirar el proceso presente-pasado-futuro de nuestros niños-jóvenes-adultos. Una mirada de proceso, desde el ángulo del presente, ahora mismo, con lo que tengo y cuento en mi hogar, escuela, vecindario, barrio, comunidad. Tenemos que identificar en el acto presente cuáles son los recursos internos y externos con los que cuento, cuál ha sido mi experiencia de vida, mi proceso de experiencias de desarrollo niño-adolescente-adulto; qué detalles y experiencias de mi crianza quiero cambiar y por qué, y cuáles quiero retomar como herramientas de vida para la educación de nuestros niños-jóvenes-adultos.

Lo principal es educar para preparar buenos ciudadanos, no sólo ciudadanos "de escuela", sino personas que puedan realizar una buena contribución a la sociedad. La educación no consiste en aprender de los libros memorizando algunos hechos, sino en aprender a MIRAR, a ESCUCHAR aquello que los padres, maestros y libros dicen, tanto si lo que dicen es verdadero o falso. La educación no es conseguir un título y establecerse en sociedad, sino que es el acto de saber escuchar a los pájaros, observar como las nubes en las mañanas descansan sobre las montañas, ver el cielo, la belleza del árbol, las mil y una formas de las tonalidades de un atardecer; es sentir todo eso, estar realmente presentes directamente en contacto y consciente con ello. Educar es la aceptación básica de reconocimiento y honra del estado contemplativo y natural del ser humano. Educar es despertar en el niño-joven-adulto la *espiritualidad ciudadana* a través de herramientas unitarias básicas de sentido común propiamente humanas que potencian la *voluntad del bien*.

Con el fin de lograr este tipo de educación en nuestros niños-jóvenes-adultos tenemos que reorganizar nuestro entorno. Tenemos que iniciar con mirarnos a nosotros mismos como padres, madres, encargados, encargadas y educadores. Mirarnos como adultos que hemos reflexionado sobre nuestra trayectoria vividas, para entonces tener el tiempo de calidad para lograr VER, MIRAR y ESCUCHAR con el corazón los procesos y experiencias que nuestros niños-jóvenes-adultos están experimentando día tras día. Al ir revisándonos y re-educándonos vamos a enmarcar, en primer lugar, nuestras interrelaciones en el hogar como la principal escuela y base fundamental de la vida ciudadana, para luego extendernos a las demás instituciones sociales que comprenden y totalizan la sociedad. Tenemos que tomar en consideración que el hogar sirve como laboratorio para desarrollar nuestros postulados de aprendizaje-enseñanza y enseñanza-aprendizaje.

Un discípulo preguntó a Hejasi: Quiero saber qué es lo más divertido de los seres humanos.

Hejasi contestó: Piensan siempre al contrario.

- Tienen prisa por crecer y después suspiran por la infancia perdida.
- Pierden la salud para tener dinero y después pierden el dinero para tener salud.
- Piensan tan ansiosamente en el futuro que descuidan el presente, y así, no viven ni el presente ni el futuro.
- Viven como si no fueran a morir nunca y mueren como si no hubiesen vivido.

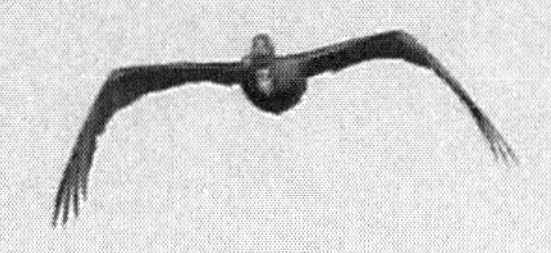
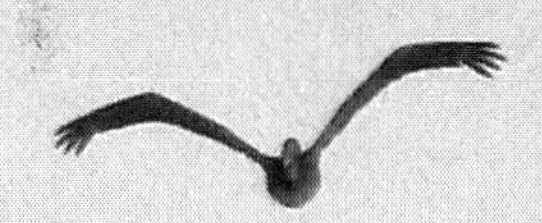

Ochi

DEMARCANDO LA CULTURA BULLYING

La violencia es el miedo a los ideales de los demás.
Ojo por ojo y todo el mundo acabará ciego.
Mahatma Gandhi

La *Cultura Bullying* se refiere a las normas, ideales, prácticas e instituciones sociales relacionadas con la propagación de todo tipo de acoso y sus degradaciones. La cultura define lo que la gente valora y lo que les provoca a entrar en disputas. En resumen, la *Cultura Bullying* abarca aquello por lo que las personas luchan frente a todo tipo de acoso o violencia, los rivales contra quienes luchan (bully o acosador) y el resultado de dicha contienda, incluyendo el aspecto interno y psicológico que se manifiesta a raíz del comportamiento del ser humano.

Podríamos decir que muchos países desarrollados y en vías del desarrollo viven bajo los preceptos de una *Cultura Bullying*. Esta cultura propaga el acoso a través de sus organizaciones sociales. Acoso causado por los miedos, los temores y las ansiedades que surgen en nosotros cuando algo o alguien enfrenta o agrede directamente nuestra persona, impactando nuestras seguridades. En nuestros días el acoso puede ser tan invisible que no nos percatamos de los detalles cotidianos que nos acosan: la alarma del despertador en las mañanas, las tareas de nuestros hijos, el jefe, el maestro, el trabajo, el esposo, la esposa, los hijos, el compañero de clase, entre otros. La *Cultura Bullying* es tan imperceptible que lo vemos como algo normal y cotidiano, vivir bajo estrés es lo habitual. Sin embargo, hay quien disfruta de trabajar acosado, bajo presión para lograr ser más efectivo y poder cumplir con las tareas que le han sido asignadas.

El concepto de *Bullying-Acoso* es visto en dos niveles:

PRIMER NIVEL:* *El acoso cultural y social al que somos enfrentados a diario a través de valores e ideas que se convierten en hábitos cotidianos que aparentan ser la norma y se propagan como necesidades y deseos en los individuos. Un ejemplo de esto es el consumo irracional como el camino hacia la felicidad. Tener el último modelo de auto, de camiseta, de teléfono celular, de computadora, etc. Otros ejemplos: la corrupción como norma gubernamental, la violencia en los medio de comunicación establecida como un hábito para mantener la atención de la audiencia y los números de *rating*. Aspectos culturales de género: El color rosa es de las niñas y el azul es de los niños. Las niñas son débiles, los niños son fuertes. A la edad aproximada de 25 a 30 años deberías estar casado. No debes casarte con alguien que esté fuera del alcance de la clase social a la que perteneces o que esté alejado de las características básicas impuestas por la cultura y por valores tradicionalmente familiares. Todos estos ejemplos son representaciones sutiles del acoso de la *Cultura Bullying.*

SEGUNDO NIVEL:* El *bullying* o acoso escolar, laboral, cibernético o doméstico**. Este nivel es la materialización o representación formal del acoso generado por el descuido de no haber puesto una mirada proactiva durante el desarrollo del primer nivel de acoso cultural y social. El segundo nivel surge como reacción espontánea, a veces inconsciente, al no haber reconocido conscientemente la existencia de una *Cultura Bullying*. La aceptación complaciente de una *Cultura Bullying* genera directamente el desarrollo formal del *bullying* en el niño-joven-adulto o todo tipo de acoso en las diferentes estratas educativas, laborales, familiares y sociales. El problema de este nivel es que es visto y tratado socialmente como el problema principal, quedando relegado a un segundo nivel. En cambio toda nuestra atención debería estar el primer nivel de los acosos –acoso cultural y social***– que es el mas cotidiano e imperceptible, y ha sido desarrollado por la misma organización social y estructuras socioeconómicas a las cuales estamos expuestos.

La propaganda es un tipo de acoso que invita a un consumo sin límites como el único camino seguro hacia la felicidad. Adela Cortina en su libro *"Por una ética del consumo,"* resume en el siguiente credo las motivaciones por las que las sociedades modernas aceptan como parte de su libertad el consumo ilimitado:

"¿Qué nos hizo creer...?

- Que el consumo per cápita de coches, televisores, baños, frigoríficos, ordenadores mide el bienestar de una sociedad.
- Que es más interesante hablar con alguien ausente por el teléfono móvil que hacerlo con el que está al lado.
- Que la calidad de la enseñanza se mide por el número de computadoras por metro cuadrado con que se inunda la escuela.
- Que comprar regalos en Navidad para toda la familia garantiza la buena relación de sus miembros.
- Que en una conferencia el uso del *PowerPoint* puede sustituir al uso magistral de la palabra.
- Que gastar en armamento sofisticado es lo más inteligente para construir la paz.
- Que tener un coche para cada miembro de la familia es una necesidad vital."

Los niños-jóvenes-adultos absorben toda esta influencia de consumo socio-cultural predominante, progresivamente liberal, sensual, persuasivo y degradado. Luego cuando los padres, maestros y encargados quieren contrarrestar esta influencia lo hacen mediante la represión, el temor y el castigo. Esta tendencia educativa de valores y antivalores que implantan miedo lo que hace es introducir en su psiquis la semilla de un conflicto mayor, capaz de convertirse en un desequilibrio emocional y psicológico. Pues es precisamente la represión, la falta de diálogo y de aclaración del conflicto, y eso que conocemos como "presión social" el origen de la anomalía en sus diversos grados, incluyendo la representación del acoso en la *Cultura Bullying*.

El diálogo es una de las herramientas fundamentales para desarrollar en el *Aprendiz de Torero* una mirada más certera, participativa e inclusiva de su propio proceso. El diálogo como práctica cotidiana del ciudadano (padre-hijo-maestra-actores sociales) hace que el aprendiz se conecte con una mirada en torno a las relaciones humanas y coloque la misma en su primer nivel de observación. De esta manera, el *Aprendiz de Torero* es un receptor y procesador de conocimientos activo que construye sus propios conocimientos a través de su propia *mirada de proceso* y ese diálogo que le ayuda a revisarse continuamente. También es de suma importancia el hablarse a uno mismo. Lev S. Vygotsky le llama el habla privada, y consideraba que ésta funciona tanto en el niño como en el adulto en diferentes niveles. En el adulto es conocida como el habla interna silente. Este diálogo interno o habla privada más que ser un signo de inmadurez cumple una función importante en el desarrollo emocional y mental de la persona. Tanto los niños como los adultos en su habla privada se están comunicando, así sea con ellos mismos, para orientar su conducta y su pensamiento. Lev S. Vygotsky identificó una transición del habla privada audible del niño al habla silente del adolescente-adulto como un paso fundamental para el desarrollo de los procesos mentales. Gracias a este proceso el niño-joven-adulto utiliza el lenguaje interno para llevar a cabo actividades mentales importantes como dirigir la atención a algo, resolver problemas, planificar, formar conceptos y sobre todo desarrollar autocontrol.

Este es el diálogo interno que debemos estar haciendo si reconocemos que actualmente no tenemos herramientas para comprender *quién soy* o lograr entender situaciones cotidianas que nos afectan. También es imperativo saber cómo puedo ayudar a mi niño-joven-adulto a descubrir la pasión por una *mirada* asertiva que le ayude a potenciar el gozo por descubrir. Si reconocemos que de niño éramos acosadores o fuimos acosados, ¿Cómo puedo desarrollar mi propia *mirada de proceso* para revisarme y poder darle las herramientas propias a mi niño-joven-adulto para que no se confunda y deteriore su desarrollo emocional y mental?

Una maestra dijo a sus pequeños alumnos que iba a escribir los nombres de todos ellos en la pizarra y que, detrás de cada nombre, quería poner aquello por lo que cada niño sintiera mas agradecimiento.

Uno de los niños estaba cavilando intensamente cuando la maestra escribió su nombre en la pizarra. Y al preguntarle lo que debía de poner a continuación, él, finalmente, dijo: -Madre-.

Y eso fue lo que escribió la maestra. Pero, cuando estaba empezando a escribir el siguiente nombre, el niño se puso a agitar frenéticamente la mano.

¿Sí?- dijo la maestra.

-Por favor, borre MADRE, dijo el niño, y escriba PERRO-. **.X.**

(El verdadero aprendizaje surge súbitamente cuando se transmite con amor, cariño, aceptación y humildad. Estamos agradecidos de aquellos que se relacionan con calidad, respeto y entusiasmo, aunque sea un perro. AMR)

AMR

AMR

AMR

Mientras oraba antes de acostarse, un niño pidió con devoción:

- "Señor, esta noche te pido algo especial: conviérteme en un televisor. Quisiera ocupar su lugar. Quisiera vivir lo que vive la tele de mi casa. Es decir, tener un cuarto especial para mí y reunir a todos los miembros de la familia a mi alrededor."

- "Ser tomado en serio cuando hablo. Convertirme en el centro de atención, y ser aquel al que todos quieren escuchar sin interrumpirlo ni cuestionarlo. Quisiera sentir el cuidado especial que recibe la tele cuando algo no funciona."

- "Y tener la compañía de mi papá cuando llegue a casa, aunque esté cansado del trabajo. Y que mi mamá me busque cuando esté sola y aburrida, en vez de ignorarme. Y que mis hermanos se peleen por estar conmigo."

- "Y que pueda divertirlos a todos, aunque a veces no les diga nada. Quisiera vivir la sensación de que lo dejen todo por pasar unos momentos a mi lado."

- "Señor, no te pido mucho. Sólo vivir lo que vive cualquier televisor."

¿DESEAMOS CONTINUAR VIVIENDO ASÍ?...

Hemos aprendido a volar como los pájaros, a nadar como los peces; pero no hemos aprendido el sencillo arte de vivir juntos como hermanos.
Martin Luther King

Continuar... ¿Cómo? Pues, así como hasta hoy, con nuestra forma de vida, con todo lo que hacemos... y aquello que esperamos a futuro... siempre futuro... con las mismas formas tradicionales de educar... de enseñar... de ser madres y padres... de ser esposos y esposas... de ser hijos y estudiantes... de ser maestra y maestro... de ser jefe y empleado... Ser... Ser ¿Cómo?... Como hasta hoy, preparados para la lucha de la vida, la competencia, el consumo... Luchar afanadamente y con sacrificio para alcanzar un diploma, luego una posición, casarse, tener hijos... capacitarlos para su porvenir... casarlos... Continuar así, en este mismo canal, la misma frecuencia de alegrías y tristezas, éxitos y fracasos... acosos y violencias...en este plano de emociones, acciones, reacciones y relaciones en que se desenvuelve nuestro diario vivir... Con sueños y esperanzas, con planes de un futuro siempre incierto, con el trajín cada vez más acelerado de tareas, de trabajo, de compromisos, de multitudes de imágenes que consumimos diariamente sin tiempo para una sana digestión... Y el tremendo cansancio y soledad... y la infinita búsqueda de distracciones para no tener que encontrarnos con nosotros mismos... Continuar así... encerrados en nuestro pequeño mundo personal, en nuestros intereses, los afectos, deseos, erotismos y sus odios. Acumulando experiencias solo con el propósito de tener más éxito y adquiriendo destrezas e ideales para conquistar a otros...

Si lo anterior no es el orden de las cosas que deseamos para la vida, pues debemos comprometernos con revisar las formas de observar para entonces mirar detenidamente cuáles son las causas profundas, no superficiales, de nuestros temores. Esa ansiedad y miedo al cambio se centra en nuestra seguridad personal, nuestra identidad como individuos. Esta confusión de aferrarnos al orden establecido de las cosas y al juego de la competencia surge del hecho de que tanto la moralidad como los ideales personales tienen que ver con normas internas derivadas de la sociedad y de nuestras primeras experiencias con adultos, especialmente nuestros padres o aquellos que nos criaron. Otra fuente de confusión, generada por el acoso del orden establecido socialmente, se trata de una "alarma interior" influenciada por aspectos socioculturales, que nos dice si estamos bien o estamos mal, si nos hemos comportado o no de acuerdo con los valores morales y los ideales personales. El problema de la confusión reside en que estos valores e ideales existen como características y roles generados por la sociedad, pero estos son acomodados e interiorizados por el niño-joven-adulto y con el tiempo se convierten en parte de la visión personal de ese individuo.

La MIRADA es la forma en que nosotros ajustamos el lente por donde solemos mirar los acontecimientos de la vida. El ajuste del lente es infinito y a este ajuste lo podemos llamar intención, propósito, hipótesis o la pregunta que deseemos formular. Es ahí que se sincroniza el ajuste preciso de nuestra mirada. Por ejemplo, si nos preguntaran: **¿Usted vive en el planeta Tierra o en los cielos?** La creencia personal y práctica en la que sustentamos la respuesta a esta pregunta está determinada por los valores culturales y sociales que residen bajo el sentido común de nuestro imaginario social. ¿Cuál sentido común? Pues, obvio, vivimos en el planeta Tierra. Pero si nos esforzamos y tratamos de salir de este enfoque y paradigma predominante, reconociendo que los paradigmas son en verdad hábitos, hábitos mentales que tienen raíces tan profundas que se vuelven habituales para las personas y para toda una cultura. Entonces, si logramos distanciarnos de este paradigma, quizás podamos observar cuidadosamente que vivimos en los cielos en un lugar llamado planeta Tierra. Si hacemos un esfuerzo imaginario distanciándonos del planeta Tierra para subir hasta llegar a la Luna para detenernos allí y gozar de un descanso lunar; si logramos esto, entonces podremos sentarnos en un diván cómodamente en la Luna y desde allí observar, con una nueva *mirada*, el espacio que existe entre la Luna y el planeta azul para nuestra sorpresa descubrir que la Tierra está suspendida por la gravedad en el mismo cielo que se encuentran los demás planetas. En pocas palabras, "*vivimos en el cielo en un lugar llamado planeta Tierra*." El cielo representa nuestro país y el planeta Tierra es nuestro barrio. Desde esta nueva perspectiva o nuevo paradigma podemos también decir que cuando morimos ya estamos en el cielo, enterrados en nuestro barrio llamado planeta Tierra.

El tener que reconocer otro ángulo puede ejercer un malestar o queja que dirigirá toda nuestra atención hacia el viejo paradigma, quedando aferrados a lo conocido más por costumbre que por decisión propia. Aferrados al viejo paradigma podemos reaccionar de forma simple, ¡Vivimos en el planeta Tierra y eso es todo! Cada *queja* es una historia formulada por los valores e ideas recogidas por la mente y en nuestro afán terminamos creyéndolas ciegamente. No importa si manifestamos nuestras molestias o si las pensamos en silencio. La *queja* es también la *mirada* y es la forma en que ajustamos el lente para no tener que cambiar nuestro modo de ser y hacer, quedando aferrados a nuestras formas acostumbradas de ser. En pocas palabras, aferrados a nuestro enfoque actual y limitado de eso que llamamos vida. Esta pequeña queja lo que busca es que nos aferremos a lo conocido para no tener que observar más allá de la información que reside en nosotros. Todo por el simple miedo-temor de aprender algo nuevo, una nueva aventura. Tenemos que conocer lo que implica el miedo-temor. La sociedad hace de todo para inculcar y enseñar el miedo-temor mediante la construcción de *normas e ideales* culturales, políticos, educativos y religiosos; *distinción de clases*, alta, media, y baja; *distinción de ideas*, de lo bueno y lo malo, el éxito y el fracaso, el pobre y el rico. La sociedad hace todo lo posible para inculcar valores distorsionados al ser humano a través de la cultura y las tradiciones, según se explicará más adelante.

Era una rana que había vivido siempre en un mísero y estrecho pozo, donde había nacido y habría de morir. Pasó cerca de allí otra rana que había vivido siempre en el mar.

Tropezó y se cayó en el pozo.

- ¿De dónde vienes? –preguntó la rana del pozo.
- Del mar.
- ¿Es grande el mar?
- Extraordinariamente grande, inmenso.

La rana del pozo se quedó unos momentos muy pensativa y luego preguntó:

- ¿Es el mar tan grande como mi pozo?
- ¡Cómo puedes comparar tu pozo con el mar! Te digo que el mar es excepcionalmente grande, descomunal. Pero la rana del pozo, fuera de sí por la ira, aseveró:

- Mentira, no puede haber nada más grande que mi pozo; ¡nada! ¡Eres una mentirosa y ahora mismo te echaré de aquí.

(Todo va a depender del ajuste del lente de nuestra mirada. AMR)

Ochi

Sería injusto utilizar estas líneas para culpar al niño-joven-adulto bully por su comportamiento violento y por estar en el mismo pozo de la rana. Las preguntas a formularnos para ir ajustando el lente de la *mirada* serían: ¿Cómo surge la violencia en mí? ¿Cuáles son las raíces sociales y culturales de la violencia? Es evidente la cantidad de violencia a la que estamos sometidos a diario a través del cotidiano vivir, la televisión, la radio, la Internet, la prensa escrita. Las conversaciones cotidianas están supeditadas a diálogos relacionados con todo lo que los ciudadanos ven, escuchan y experimentan en sus interrelaciones sociales. El acoso de la violencia mediática nos persigue, inclusivo hasta cuando hemos tomado la decisión de no ver televisión, no escuchar radio y no leer los diarios. Esta violencia mediática sigue siendo difundida gratuitamente y llega a nosotros a través de las relaciones con otros ciudadanos. Estos ciudadanos nos ponen al día de todo lo acontecido y la mayoría de las veces le añaden, en sus paréntesis y pausas, cinismo, humor negro, disgusto, tolerancia o comentarios violentos.

Esta violencia social y cultural existe de forma física e interna. ***La violencia física*** es la empleada por el niño-joven-adulto bully al golpear a otro, como también en la acción extrema de matar a otro. La violencia también puede ser psicológica, al decir cosas llenas de odio y antagonismos, reconociendo que esta forma de actuar generará una reacción física en el cuerpo del agredido y del observador. ***La violencia interna*** es la que se encuentra dentro de la piel en nuestros propios pensamientos. Es sentir repugnancia, desagrado o ira por el prójimo. Es odiar y criticar a la gente, incluyendo las disputas con nosotros mismos. Es decirte loca, loco, bruto, estúpida o tonto constantemente. Esta violencia interna incluye el acoso que va acompañado del deseo de que las personas cambien. Queremos forzarlas a cambiar hacia nuestra manera de pensar.

Esta violencia física e interna existe también en cada familia entre madre, padre e hijos; en el sistema escolar entre administración central, directores, maestros y estudiantes; en el trabajo entre jefe, empleados y clientes; en el deporte entre dirigente, entrenador, árbitro, deportistas y fanaticada; en la religión entre sacerdote o pastor, diácono, servidores, feligreses, creyentes y no creyentes. En todas estas formas de organización social hay violencia, odio, crueldad, crítica, competencia e ira. Según los grandes filósofos y estudiosos, toda esta violencia es inherente al ser humano y es innata en cada ser humano. Se supone que la educación debe ayudarnos a ir más allá de todo eso; a transformarnos en ciudadanos potenciados para el servicio, la cooperación, la paz, el amor y la voluntad del bien. No únicamente a prepararnos para pasar unos exámenes, adquirir un diploma, estudiar una carrera universitaria, conseguir un empleo, casarnos y continuar con el mismo ciclo. Entonces ¿Cómo es que surge la violencia en el Bully? ¿Cómo es que surge la violencia en mí? No debería la organización social, gubernamental, educativa, familiar, religiosa o deportiva educar para que cada ciudadano llegue a constituirse en un ser humano hermoso, racional, sano; y no en un ciudadano agresivo y listo que puede defender sus violencias con múltiples argumentaciones racionales.

¿No es acaso dramático esta situación y condicionamiento frente a la vida? ¿Y acaso no radica allí? Es ese estado de confusión, de permanente ficción, el origen mismo de los acontecimientos que una y otra vez arrastran a la humanidad a la violencia y a la guerra. Cuando nos organizamos alrededor de metáforas militares y palabras, tales como lucha, batalla, control, estrategia, maniobra, objetivo o poder, estamos muy cerca de caer en una visión confusa y violenta del mundo en que vivimos. Es a todo esto a lo que llamaremos "*Cultura Bullying.*" En esta cultura la función más importante de los ciudadanos es librar la batalla, ya sea real o imaginaria y sus actos estarán supeditados consciente o inconscientemente a la lógica de la violencia y la guerra. Este fenómeno de los prejuicios inmovilistas a los que continuamente se agarra la sociedad, e inconscientemente participa de la violencia institucionalizada, es un mal que nos sugestiona y esclaviza. Esta sugestión generalizada en la que cautivan nuestros sentidos a través de la publicidad, el mercadeo y el consumo desmedido hace que la violencia institucionalizada esté actualmente vigente y acrecentándose. Es por esto que la sanación sucederá cuando desarrollemos el mollero de la *voluntad del bien* para mirar el proceso de nuestra trayectoria y conseguir ser capaces de observar sin juicios logrando comprender los patrones conductuales adquiridos socialmente que han sido nocivos para el desarrollo de nuestras potencialidades creativas e innatas de la esencia de nuestro Ser.

Tras una acalorada discusión con su mujer, el hombre acabó diciendo: ¿Por qué no podemos vivir en paz como nuestros dos perros, que nunca se pelean?

-Claro que no se pelean-, reconoció la mujer. ¡Pero átalos juntos, y verás lo que ocurre! **.X.**

(Toda relación de cercanías siempre va acompañada de algún tipo de acoso. AMR)

AMR

Como hemos observado, vivimos sumergidos en una ***Cultura Bullying*** y el niño-joven-adulto *bully* es una representación clara de que la *Cultura Bullying* está teniendo sus efectos en la nueva generación. No podemos descartar a los políticos, legisladores, productores de programas televisivos y radiales, la prensa, los videojuegos y películas de acción que son los propagadores más efectivos para activar a diario la energía habitual de la *Cultura Bullying* a la que hemos estado agresivamente sometidos por las últimas décadas.

A medida que nuestros niños crezcan, cada vez más tendrán que enfrentarse con esta violencia. ¿Queremos que nuestros hijos e hijas sean absorbidos por la corriente de la sociedad? o ¿Queremos cambiar la cultura de la violencia e iniciar la gestión para construir una nueva cultura de paz y de ciudadanos participativamente responsables, autónomos, creativos y libres? Si es eso lo que queremos, tenemos primero que comprometernos con nosotros mismos. Necesitamos conocer bien nuestras propias violencias, tanto las violencias externas como las violencias internas que todavía no conocemos por falta de una mirada consciente. No podemos permanecer sentados egoístamente pensando: ¿Seguiré al rebaño e iré a donde vaya la gente? Haré aquello que vea que los otros hacen,? Me daré a conocer entre el rebaño? ¿Conquistaré una posición de poder y haré todo lo necesario para lograr mi éxito? Si hacemos esto, puede que la pasemos bien pero estaremos cometiendo el mismo error que cometieron nuestros padres, y siempre los que pagarán serán nuestros hijos y las próximas generacióne s.

Han pasado muchas generaciones y la violencia crece de forma inaudita e irracional. Es por esto que este libro examina a profundidad todos estos problemas de la violencia, no para culpabilizar a nadie, porque **la culpa** *es la madre de no mirarse*, sino para comprometernos con nosotros mismos y comenzar una nueva conciencia desde nuestros propios hogares-escuelas-laboratorios para educar hacia la conciencia de que todos somos de un mismo mundo, el planeta Tierra, nuestro barrio, que está bellamente suspendido en el cielo, nuestro país y sus múltiples universos, nuestra nación.

AMR

Érase una vez, en una escuela de algún lugar del planeta azul.

Una maestra observó que uno de los niños de su clase estaba muy triste y pensativo.

-¿Qué es lo que te preocupa?- le preguntó.

-Mis padres, contesto él. Mami y papi se pasan el día trabajando para que yo pueda vestirme, alimentarme y venir a la mejor escuela de la ciudad. Además, hacen horas extras para poder enviarme algún día a la universidad. Y tambien, mamá me busca a la escuela y llega a casa cansada a cocinar, lavar, planchar, y a estudiar conmigo para que yo no tenga por qué preocuparme.-

-Entonces, ¿por qué estas preocupado?-

-Porque tengo miedo que traten de escaparse- **.X.**

(Esto es un breve ejemplo de los tipos inconscientes de acoso psicológico de la "*Cultura Bullying*" en que hemos asumido vivir complacientemente. AMR)

AMR

TIEMPO DE HACER vs TIEMPO DEL SER

El terreno fértil para sembrar la semilla del bien
se consigue mezclando bien tus pensamientos,
tu corazón y tus expresiones de amor.
Juan Santos Torres "El Picapiedras"

¿Cuál es el tiempo en que demarcamos nuestras emociones?

El problema con que vivimos los occidentales es que siempre estamos ocupados haciendo cosas, moviéndonos, dando vueltas en círculos tratando de lograr algo que está siempre distante, siempre futuro, y entonces no podemos centrarnos en OBSERVAR ese maravilloso presente que está próximo a nosotros dentro de nuestro propio hogar. Incluso nuestra sociedad proclama que estar ocupado es una virtud. De manera que cuando no lo estamos, nos sentimos un tanto culpables. El problema reside en que hemos sido educados para encajar en todo esto. ¿Es esto correcto, es éste el verdadero significado de la educación, el que nuestros *niños-jóvenes-adultos* deban voluntariamente o no, aceptar incondicionalmente esta insana estructura llamada sociedad moderna avalada por la educación tradicional? Si realmente deseamos adentrarnos a comprender la *cultura del bullying* a la que estamos sometidos, esa cultura del acoso voluntario e involuntario, entonces debemos rechazar los viejos valores de –dinero, posición, prestigio y poder–. Estos valores están directamente conectados con el *Tiempo del Hacer*, el tiempo del reloj, igual a prisa, ruido, velocidad, futuro, acelerar, llegaré a ser, yo seré, pensamientos estratégicos, acumular, en fin, tiempo lineal finito. En cambio necesitamos sustituir conscientemente este *Tiempo del Hacer* por el *Tiempo del Ser*. El *Tiempo del Ser* es el tiempo de la respiración, es pausa, es el que permite y acepta el juego espontáneo como una acción contemplativa. Es el tiempo de reconocer, de detenerse, de admirar y aceptar, de estar presente, del yo soy, de la meditación y del compartir, de la re-visión, la intuición, el descanso, el silencio. Es tiempo circular infinito y de conectarse con el Ser Superior que existe en cada ser humano. El tiempo del Ser es el tiempo-sin-tiempo del espíritu. El ***ser*** con minúscula es el que conecta con el plano horizontal de lo humano, la ilusión, el ego. El ***Ser*** con mayúscula es el que conecta con el plano vertical, lo eterno, lo espiritual y la totalidad Superior de nuestro Ser.

Primero tenemos que salirnos del tiempo del reloj, del *tiempo del Hacer* para darles herramientas efectivas a nuestros niños-jóvenes-adultos, ya que dentro de éste siempre sufriremos de ansiedad y estrés y no podremos conocer a cabalidad quiénes son nuestros niños-jóvenes-adultos. Debemos entrar en el *Tiempo del Ser* para así detenernos a re-visarnos y hacer una *escaneada* de nuestro ser: físico, emocional, mental y espiritual para obtener una imagen certera de lo que está aconteciendo dentro de nosotros y revisar cuales son nuestros valores actuales. De esta forma, comenzaremos a desarrollar las herramientas del Aprendiz de Torero que nos permitirán entender las situaciones del *bullying* con mayor objetividad y calma, sin que la reacción abrupta y desmedida, eco del tiempo del hacer, de la prisa impensada actúe y no nos permita evaluar la totalidad de lo acontecido. Cuando dejamos que la velocidad cotidiana tome el control de nuestras decisiones, las respuestas al *bullying* serán reflejo de ese *bullying* y no lo que realmente buscamos: entenderlo y detenerlo mediante el acto de la reflexión y de la enseñanza. Si deseamos lograr detener las velocidades cotidianas, necesitamos Fe, Confianza, Voluntad, Compromiso y un Gran Amor a nuestro Ser, a nuestros niños-jóvenes-adultos y a lo que deseemos emprender.

Todo inicio conlleva un esfuerzo, lo importante es comenzar y tener la actitud correcta para desarrollar un enfoque constructivista de la situación. Desde la postura del marco teorico del *constructivismo*, el aprendizaje puede facilitarse, pero cada persona reconstruye su propia experiencia interna con lo cual puede decirse que el conocimiento no puede medirse y tampoco imponerse, ya que es único en cada persona, en su propia reconstrucción interna y subjetiva de la realidad. El constructivismo es un marco conceptual que plantea el reconocimiento educativo de que es el niño el que construye el conocimiento. Esto implica que los padres, encargados, maestros y demás personas en el entorno social y familiar del niño-joven-adulto serán guías. La prioridad del maestro, padre o tutor es identificar los conocimientos previos y actuales para facilitar una enseñanza a partir de ese andamiaje pre-existente en el niño-joven-adulto estableciendo de esta manera redes de significados que enriquecen su observación y entendimiento del medio físico, social, político y cultural favoreciendo su evolución personal. La guía del padre, madre, tutor y profesores contribuirá a expandir la capacidad de aprendizajes significativos por sí mismo, en todas las circunstancias que se puedan dar, o lo que es lo mismo inducirlo a "aprender a aprender." Aprender a observar, escuchar y a mirar desde el ahora, ese presente que se devela frente a nosotros. Lo que existe en ese presente acaba siempre por prevalecer sobre lo que habría podido existir. No obstante, este aprendizaje no debe circunscribirse a lo observado en programas televisivos o radiales, a lo leído en la prensa o lo escrito en los libros de texto, debe ir más allá, utilizando todos estos recursos de manera juiciosa, escuchando con atención lo que ocurre alrededor observando con cuidado y detalle. Es decir, MIRANDO EL PROCESO y revisándolo. Este niño-joven-adulto crecerá como un ser humano impulsado por la voluntad del bien que se interesa por el prójimo, que siente amor, tolerancia y comprensión, incluso ante el bullying. En otras palabras, crece aprendiendo a entender y torear la *Cultura Bullying* y, sobre todo, a no repetirla.

¿Quién soy?

Para *OBSERVAR* ese presente y revisarnos necesitamos *RECONOCER* ¿Quién soy?

En síntesis, para *MIRARNOS* debemos detenernos y respirar. Como tomar aire luego de subir varios escalones de súbito, cuando sentimos nuestro corazón latir desbocadamente y entonces, paramos y respiramos hasta bajar los latidos y continuar el camino. No tenemos que estar cansados, ni subir muchos escalones para conectarnos con nuestro ser. Los grandes maestros de la Sabiduría Eterna, todos aquellos que en su acción han despertado en otros la semilla de la *Voluntad del Bien*, hace siglos nos regalaron herramientas prácticas para estar presentes y alertas sobre nuestro Ser en todos los niveles. La respiración es la herramienta que nos regalaron con la vida, está siempre con nosotros y fluye con el mínimo esfuerzo, gratuitamente. Los libros sagrados de las diferentes culturas coinciden de que provenimos de un soplo o halito de vida. En el libro de Génesis 2:7, dice: "Jehová Dios formó al hombre del polvo de la tierra, ***sopló en su nariz aliento de vida***, y fue el hombre un ser viviente." Ese *aliento de vida* de forma práctica y material es conocido como el oxígeno que respiramos y lo que mantiene nuestra energía armonizada para estar vivos. Si ahora mismo dejamos de respirar por 15 minutos, instantáneamente nuestro ser deja de vivir. La pregunta es ¿Estamos conscientes de la respiración? ¿Cuándo respiramos estamos conscientes que es aliento divino? Si eso que nos dio vida y nos creó fue el aliento de Dios, quién entonces es el que nos visita a cada instante que respiramos.

En la filosofía oriental hay tres ideas básicas: la realidad es cambio; el universo es la unidad armoniosa donde todo se corresponde; y, por último, el ser humano es capaz de transformarse por la respiración. Por ello desarrollaron técnicas y ejercicios, tales como yoga, tai chi y meditación, entre otros.

Estas tres ideas penetran las variaciones del pensamiento oriental y responden a las preguntas universales: ¿Quiénes somos? ¿De dónde venimos? ¿A dónde vamos? Siendo las respuestas fundamentales y base del pensamiento oriental, entonces según la filosofía oriental somos cambio, venimos de la unidad, vamos a ella por la respiración y sus técnicas y ejercicios. Somos de dónde venimos y a dónde vamos. Si venimos del aliento que nos dio vida, entonces a donde vamos llegaremos a través del aliento, la respiración. Ese aliento de vida es conocido en oriente como energía vital.

La palabra hebrea para aliento es *neshamá* y se relaciona con otras ideas *viento, aliento, inspiración, etc*. En la Biblia, se le da el uso de respirar, *soplo, vida, espíritu, hálito, aliento, alma*. Todas estas ideas están estrechamente relacionadas con la idea de la vida y de la respiración. La respiración es una de las herramientas para desarrollar confianza en uno mismo y perder los miedos. Respirar agudiza los cinco sentidos y establece un enfoque más certero y real de todo lo que acontece frente a uno. Respirar es vivir y constituye el contrapunto del morir. El miedo, causado por el torrente de pensamientos ilusos que paraliza el flujo natural de la respiración, puede causar bloqueos energéticos, ansiedades y otras enfermedades psicosomáticas. La respiración nos reconecta con la energía del universo, es un entregarse generosamente a la divinidad en cada aliento. Es por esto que la respiración es la herramienta fundamental que todo *Aprendiz de Torero* necesita para incrementar la seguridad en sí mismo; y para desarrollar la calma, la paciencia y un enfoque preciso para entender bien a su toro.

Necesitamos detenernos, tener el temple para contemplar diariamente por al menos 10 a 20 minutos a nuestros niños-jóvenes-adultos. Es recomendable iniciar este ejercicio primero con uno mismo contemplando nuestro ser en la calma, paralizando poco a poco nuestros ritmos y procesos mentales que tanto nos distancian del ahora, de lo presente que acontece frente a nosotros, enfocados siempre en un futuro distante. Una vez lograda la calma con uno mismo, entonces, esta contemplación puede ser dirigida hacia nuestros niños-jóvenes-adultos. Es necesario que esta contemplación-observación esté libre de juicios, sin fragmentaciones ni ideas preconcebidas. Es simplemente estar con la mente sosegada en calma, sin movimientos de pensamientos o preocupaciones para contemplarlos tal cual son, lo que facilitará la tarea de ayudarlos, entenderlos para aprender en el proceso. Para lograr este tipo de contemplación es importante practicar un ejercicio de respiración para estar alerta de los cinco sentidos.

EJERCICIO DE RESPIRACIÓN

Para dar inicio al ejercicio de respiración consciente es importante buscar un área de calma y sentarse cómodamente en actitud contemplativa. Luego hay que imaginar que se está en una burbuja energética parecida a las burbujitas de jabón con las que los niños se divierten. Se inicia con un respirar profundo y a la vez consciente de como el aire cruza suavemente por los conductos de la nariz y va entrando hacia dentro de los pulmones, oxígeno que va directo a las células de la sangre para oxigenar músculos y tendones y armonizar la presión sanguínea. A la vez, se activa la conciencia corporal, se sienten los pies firmes en el suelo dentro de los zapatos y la temperatura de éstos. De la conciencia de los pies pasas a sentir la flexibilidad de las rodillas, el peso del cuerpo sentado, cruzando por la cintura y subiendo por la columna vértebral, que es el piano de treinta y tres teclas o vertebras que hace la música energética del cuerpo. Ya cuando poco a poco se sientan las palpitaciones del corazón y la calma, entonces podremos contemplar a nuestros niños-jóvenes-adultos de VERDAD.

Para MIRAR así, además del ejercicio respiratorio que abre los canales de la mente y la libera de prejuicios, tenemos que salirnos de la mirada obtusa y condicionada socialmente por las exigencias de la serpiente de los supuestos sociales que hemos asumido como propios. Estos supuestos impiden reconocer la verdadera naturaleza orgánica de nuestros *niños-jóvenes-adultos* obstaculizando el poder observar la esencia de la criatura sagrada que hemos decidido materializar y traer al planeta tierra. Los miedos no superados y los viejos valores arraigados en nuestro entendimiento en ocasiones se transfieren a nuestros niños-jóvenes-adultos incapacitándonos de entenderlos para ayudarlos en los procesos de aprendizaje. Esta falta de atención y de querer imponer los ideales de los miedos del adulto hace que verdaderamente estemos sustituyendo la naturaleza real del niño-joven-adulto por los supuestos de lo que deseamos caprichosamente que ellos sean.

Día tras día, el discípulo hacía la misma pregunta:

- ¿Cómo puedo encontrar a Dios?

Y día tras día recibía la misteriosa respuesta:

- A través del deseo.

- Pero, ¿Acaso no deseo a Dios con todo mi corazón? Entonces ¿por qué no lo he encontrado?

Un día mientras se hallaba bañándose en el río en compañía de su discípulo, el Maestro le sumergió bajo el agua, sujetándole por la cabeza, y así lo mantuvo un buen rato mientras el pobre hombre luchaba desesperadamente por soltarse.

Al día siguiente fue el Maestro quien inició la conversación:

- ¿Por qué ayer luchabas tanto cuando te tenía yo sujeto bajo el agua?

- Porque quería respirar.

- El día que alcances la gracia de anhelar a Dios como ayer anhelabas el aire, ese día te habrás encontrado.

AMR

Este ejercicio de respiración nos ayudará a ejercitar el estado consciente del detente, de la pausa consciente, para activar la conciencia del estar, el estado del Ser, la mirada hacia dentro, hacia los linderos que conectan con lo espiritual de nuestro Ser para entonces poder *mirar* efectivamente qué es lo que consume nuestra atención que no nos deja mirar el proceso de forma activa y consciente. Este estado de conciencia ayuda a reconocer nuestro propio proceso de vida, a hacer un alto para mirarnos y preguntarnos quién fui yo de pequeño, quién soy ahora, quién quiero ser. Con estas preguntas en mente colocarnos en la edad mental de nuestros niños-jóvenes-adultos para comprender su proceso de vida. Es imperativo leer nuevamente las palabras que aparecían inscritas en la entrada del templo de Apolo en Delfos: "Conócete a ti mismo." Lo que estas palabras implican es que debemos antes de tomar cualquier decisión preguntarnos: ¿Quién soy?

Al mirar al niño-joven-adulto es importante también mirarte a ti mismo a la misma edad del niño-joven-adulto que estás asistiendo. Es a través de esa *mirada de proceso* que podremos entender y detenernos a descubrir cuáles son los conocimientos previos de nuestros niños-jóvenes-adultos, qué es lo que han ido construyendo sobre lo que son. Cuando nos preguntamos quiénes son, a la vez nos estamos preguntando, quiénes somos nosotros. Ese *quién soy yo* tiene mucho que ver con la forma en que nos organizamos en el hogar y las pautas de organización aprendidas en la comunidad y el entorno en que fuimos criados. Recordemos que en la mirada de nuestro proceso debemos tratar de comprender el significado que la vida de nuestros padres tuvo en nosotros. ¿Cuánto estamos repitiendo de lo aprendido en la infancia, y que herramientas de dicho aprendizaje utilizamos en nuestros hogares como adultos? ¿Qué podemos descartar y qué otras formas de acercarse a los procesos en la actualidad son más afines con los la revisión de los valores internalizados en nuestra adultez presente. Esta revisión no es para reclamar sobre lo que pudieron haber hecho mejor, es más bien para descubrir qué cosas se pueden mejorar.

La idea de tener conciencia de nosotros mismos y posicionarnos en la edad de nuestros niños-jóvenes-adultos sirve para comprender cómo piensan y cómo ven las cosas. Así nos trasladamos a ese espacio-tiempo y nos preguntamos cómo entendíamos las cosas; cómo era la interacción con nuestros padres, hermanos, familia, vecinos; qué nos enojaba o molestaba del comportamiento de nuestros padres hacia nosotros. Entonces preguntarnos, ¿Estamos repitiendo patrones de conducta parecidos a los de nuestros padres? Realmente creemos en esos patrones, en ese ambiente en que fuimos criados que ha modelado nuestra conciencia a tal extremo que nos hemos vuelto incapaces de independizarnos de ese condicionamiento y formas habituales de hacer y repetir comportamientos erráticos. Todo cuanto pensamos, imaginamos, sentimos, razonamos y hacemos, aún aquello que creemos original, proviene del entorno ambiental en que fuimos criados y que reproducimos en el ambiente que actualmente nos rodea y nos encierra, en ocasiones, en una verdadera cárcel sin salida. La herramienta que nos puede sacar de este círculo vicioso es desarrollar una nueva forma de MIRAR nuestro PROCESO, nuestra propia trayectoria de vida.

Muchas veces las personas suelen pensar hasta convencerse que no hay forma de cambiar este mundo cruel lleno de personas insensibles. ¿Por qué se preocupan por cambiar a otros? Lo que importa es cambiar nosotros. Si no cambiamos, lo que nos depara nos volverá insensibles, indiferentes y hasta crueles. No queremos caer en eso que tanto criticamos y que a la vez nos afecta. Por lo tanto, es indispensable que trabajemos con la mirada de proceso, con ese deconstruir nuestra trayectoria de vida y analizarla paso a paso, de manera que podamos entendernos y reenfocarnos, de ser necesario, para empezar a vivir en nuestro presente, aquí y ahora. Al *mirarnos* conscientemente y accionar el cambio, la transformación de un estado del ser a otro, entonces podremos comenzar a ayudar a nuestros niños-jóvenes-adultos en su propio proceso de entender la vida. Cambie usted y pruébelo mediante la acción científica de *mirar el proceso,* y si algo en su conclusión no funciona pues tiene que ajustar y modificar su experimento. Vuelva a ajustar su lente de *mirada* y recree en la acción una nueva experiencia para mirarse en el presente y reflexionar nuevamente sobre lo acontecido en su vida. Las acciones mismas de su vida son el gran experimento. Todo lo que tiene que hacer es activar su atención para lograr mirar cómo es que usted suele reaccionar siempre a X o Y acontecimiento. ¿Por qué es que reacciona de esa manera? ¿Habrá otra forma de reaccionar? ¿Cómo puedo desarrollar otra forma o manera diferente que me ayude a interpretar los acontecimientos que me suceden diariamente?

Mirar el proceso conscientemente es ir revisando nuestros conocimientos previos y los vínculos por los que se fueron internalizando con realidades valorativas dentro de mí ser a través de la trayectoria y desarrollo de mi vida hasta este instante en que leo estas palabras. También es importante ir al encuentro con las heridas y dolores antiguos, no resueltos, que debemos sanar. Primero hay que identificar la herida, saber dónde está, qué la causó e identificar con cuáles herramientas emocionales cuento para poder sanar. Dentro de cada padre y madre vive un niño interno. De hecho, a lo largo del desarrollo de nuestra vida tenemos muchos niños internos que corresponden a cada una de las etapas de desarrollo a través de las cuales hemos pasado durante la trayectoria de nuestra crianza. Para nuestro proceso de sanación personal es importante identificar los niños que se quedaron bloqueados en alguna etapa de su desarrollo emocional a causa de alguna negligencia o trauma del pasado. La idea es poder identificar el tarjetero emocional generado por situaciones vividas que se han ido archivando en nuestro ser sin revisión alguna. Así, lograr visitar la biblioteca interna y buscar esos tarjeteros que han quedado impresos en algún lugar de nuestra memoria para mirarlos objetivamente desde el aquí y ahora con una nueva conciencia.

Cuando el desarrollo emocional del adulto está incompleto, éste expresará los asuntos no resueltos de la infancia hasta que se le ponga atención y si no le pone atención es posible que inconscientemente represente su frustración a través de sus hijos, familiares, compañeros o de cualquier persona. El padre, la madre, el adulto que somos puede volver a experimentar la conciencia de nuestros niños interiores a fin de sanarlos para así no hacerle daño al cuerpo emocional de sus hijos. Al hacernos consciente de las heridas de nuestro niño interno desarrollamos un sistema de alerta para no crear situaciones que generen nuevas heridas en ese nuevo potencial humano que está por emerger. Somos nosotros, los padres o encargados los verdaderos grandes maestros de nuestros niños-jóvenes-adultos. Estamos siempre en la mirilla sensible y de observación permanente de nuestros hijos, desde el instante en que llegan al regazo del hogar.

Hoy día, la trama social proyectada por los medios de comunicación lo que plantea es una gran verdad humana, somos racionalmente muy exitosos e inteligentes tecnológica y económicamente. Sin embargo, somos el animal racional más peligroso del planeta. A la fecha no he conocido de una manada de vacas que se estén reuniendo para crear tácticas y herramientas sofisticadas para atacar a los caballos que se están comiendo la poca hierba que les queda de comida. El ser humano no es solo un animal más, de la amalgama de animales, sino que es una rata de laboratorio en versión más completa. Un ser humano es un ser con conciencia de sí mismo, capaz de elevar esa conciencia y perfeccionar el control sobre sus propios actos. Si nos damos cuenta del poder de la conciencia de nosotros mismos, podremos salvarnos de las ineludibles fuerzas del acoso, la tensión social, la estupidez y la violencia. No reconocer la existencia y la utilidad de la conciencia humana sería tanto como condenarnos a vivir y a morir como perros. Recordemos las bases filosóficas que plantean que *"la estupidez no es una cualidad natural, sino algo producido y reforzado por la sociedad"*, claramente expuestas por Theodor W. Adorno en el 1951 en su libro *"Mínima Moralia: reflexiones desde la vida dañada."* Si no queremos caer en la invisibilidad cotidiana de la estupidez socialmente aceptada es importante construir la voluntad de búsqueda de la verdad para poco a poco salir del cuadro casi obligatorio de la resignación satisfecha de la estupidez colectiva de la raza humana.

La sociología es la ciencia social que estudia la vida en grupo, el origen y desarrollo de las sociedades, el comportamiento humano en situaciones sociales y los resultados de su vida en comunidad. Esta ciencia social nos ha ayudado en el último siglo a reconocer cómo el entorno social, esa forma en que nos organizamos, en que desarrollamos los valores, ideas, las formas de reaccionar ante las cosas que nos rodean, los ritos, la religiosidad, y los vínculos con el grupo desde nuestra familia inmediata, la extendida, hasta la sociedad nos impacta internamente a nivel emocional transformando dichas experiencias en la base fundamental del desarrollo de nuestra personalidad. Es nuestra relación con la familia inmediata y extendida la que enmarca y define el perfil del tipo de personalidad que vamos a desarrollar. Es esa experiencia de familia, de vida en grupo y en comunidad la que determina el desarrollo de nuestras destrezas motoras, emociones, personalidad y capacidades mentales.

Es esta forma de ¿cómo nos organizamos en grupo? en nuestro hogar y comunidad la que nos dará la base y andamiaje para desarrollar nuestro ¿Quién soy? Ese *"quién soy"* es lo que estudia la psicología, lo que somos, lo que nos caracteriza como personas, nuestros sentimientos, temperamentos, imagen propia, actitudes y valores, miedos y pensamientos.

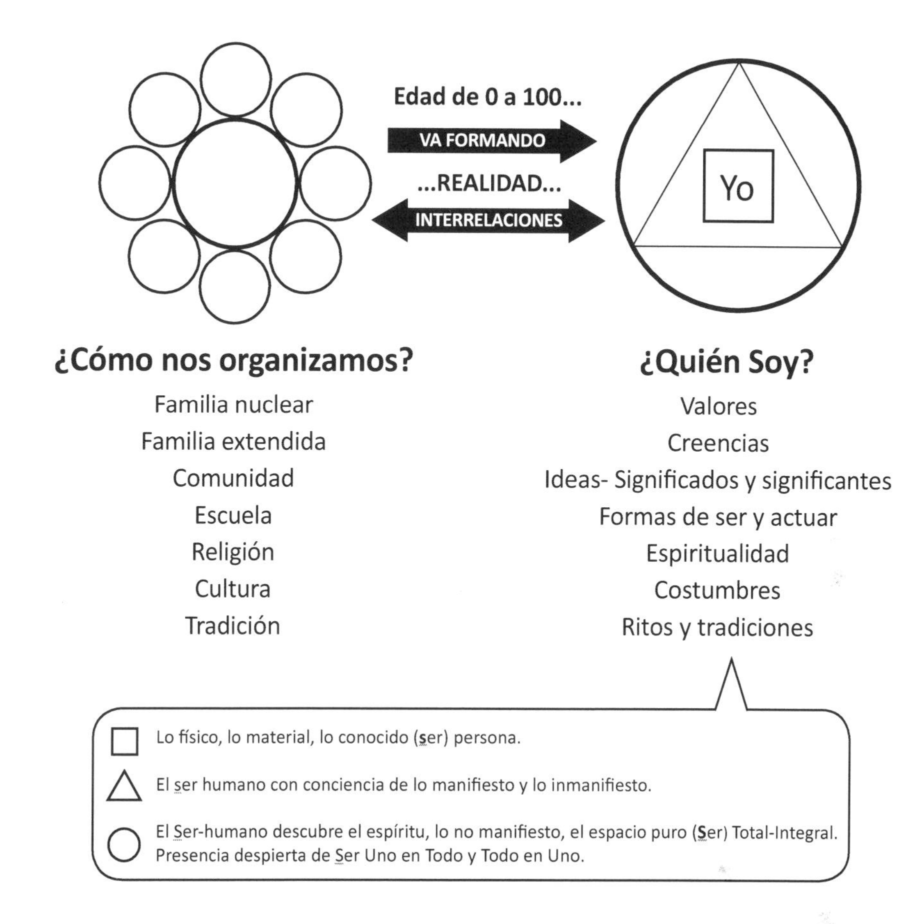

La herramienta de *mirar el proceso* conscientemente es ir revisando, reflexionando y activando el método científico aplicado a nosotros mismos, siendo nosotros y nosotras la hipótesis del *Gran Experimento*, nuestra experiencia y trayectoria de vida. Activar el *Método Científico* en mí mismo significa que dicha *mirada de proceso* surja de la observación detallada y precisa de la naturaleza propia de la experiencia vivida. Es por eso que al estudio de la medicina le llaman desde sus inicios *Ciencia Natural*. La idea es que volvamos a la forma natural y observemos con detenimiento y rigurosidad nuestros procesos de vida con la calidad y la precisión de la ciencia actual. Mirar nuestros procesos de vida con esta conciencia unitaria nos ayudará a transformar los viejos paradigmas, sanando el dolor de las heridas ocultas en nuestro inconsciente. De forma consciente, nos estaríamos comprometiendo con la red de relaciones de nuestro proceso de vida para en la acción cotidiana dejar de ser el autor y gestor de heridas nuevas en ese nuevo potencial humano que está emergiendo que son nuestros niños-jóvenes-adultos.

Somos los padres y encargados los grandes maestros de nuestros niños. Somos sus maestros, pero no desde el marco teórico paternalista, sino como facilitadores, guías y consejeros que les brindan herramientas y consejos sobre cómo utilizarlos, reconociendo que son únicamente ellos quienes construyen su conocimiento y quienes pondrán en práctica, según la situación y el entorno, el manejo de sus emociones y los entendidos internos y externos que hayan generado, según sus experiencias de vida, incluyendo los ejemplos que nosotros los padres, madres y encargados le hayamos dado. Lo importante es dar el primer paso, y este primer paso es el que nos ayudará a facilitar diferentes técnicas para torear el *bullying.*

"Un Maestro decía:

- Desgraciadamente, es más fácil viajar que detenerse. Los discípulos quisieron saber por qué.
- Porque mientras viajas hacia una meta, puedes aferrarte a un sueño; pero cuando te detienes, tienes que hacer frente a la realidad.
- Pero entonces, ¿cómo vamos a poder cambiar si no tenemos metas ni sueños? - preguntaron perplejos los discípulos.
- Para que un cambio sea real, tiene que darse sin pretenderlo.
  Haced frente a la realidad y, sin quererlo, se producirá el cambio."

Ejercicio para iniciar el camino de la mirada de proceso

Es importante aclarar que normalmente lo común es detestar el hecho de tener que mirar nuestro proceso. Muchas veces ese mirar puede despertar el sentimiento de sentirnos abandonados o excluidos al abrazar ese sentimiento de ser un niño pequeño y desamparado. Lo sorprendente es que este sentimiento se origina en nuestras experiencias infantiles más tempranas. El mirar el proceso nos ofrece la oportunidad para que la vivencia o película mental deje de atormentarnos y repetirse, al afrontarla con valentía y reconocer las raíces de esos sentimientos en el pasado, y abandonar el viejo dolor. Cuando nos encontramos con ese sentimiento lo habitual es acelerar, buscar algo que hacer para no tener que mirar. Por alguna razón, siempre estamos posponiendo el hecho de tener que hacer una pausa para mirar el por qué algo determinado se transformó en un *momento de crisis* o no está funcionando como debiera. Es más fácil juzgar la situación desde los parámetros del *pensar horizontal*, la ambición de llegar a una meta tiene mayor peso y significado, que detenerse a tratar de comprender qué es lo que está pasando. Es por esto que uno nunca sabe cuándo va a utilizar la herramienta de mirar el proceso. Muchas veces esa mirada de proceso surge de manera súbita, cuando realmente te encuentras en el tiempo preciso, y si has acumulado las herramientas emocionales necesarias para indagar en los diferentes momentos de crisis de la trayectoria de tu vida. La mirada de proceso es un estado de conciencia que hay que ejercitar; accionarlo en nuestra conciencia para que esté presente en el momento exacto en que lo necesitemos.

Por ejemplo, lo ideal sería conscientemente hacer un detente para observar con nuestros sentidos y toda nuestra atención desde el presente nuestra trayectoria. Más aún, lograr mirar el proceso lo primero es buscar un papel o nuestro diario y dibujar una línea imaginaria que inicie en cero (0) y progresivamente aumente detallando los años de nuestro desarrollo hasta la edad actual. Una persona con treinta y cuatro años dibujaría la siguiente línea:

0 1 2 3 4 5 6 7 8 9 10 11 12 13 14 15 16 17 18 19 20 21 22 23 24 25 26 27 28 29 30 31 32 33 34

El paso siguiente es observar detenidamente esta imagen desde la edad que más llame su atención, y determinar en qué edad surgieron momentos de crisis o cambios significativos que modificaron la percepción de su vida incorporando nuevas formas de ver, y circular esos períodos de cambios. La gráfica es posible que se transforme en algo como esto:

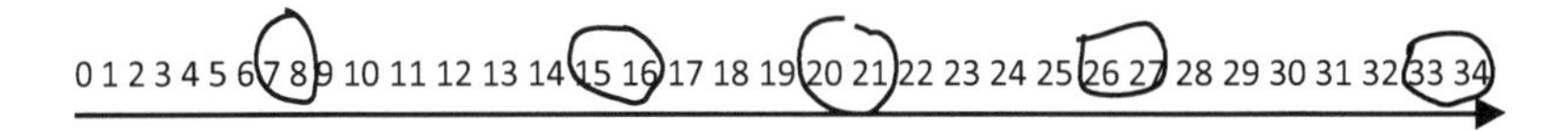

Luego de identificar esos *momentos de crisis* entonces trate de detenerse en uno de ellos con la conciencia de estar totalmente presente en su edad y estado del ser actual. Por ejemplo, a sus 34 años pleno de experiencias, de inteligencia y sabiduría podría hacer un viaje imaginario para visitarse a sus seis años, en el mismísimo momento en que sus padres tuvieron una acalorada discusión por la cual descubrió el origen de la discordia entre sus padres que culminó en el divorcio dos años después. La idea es sentarse en el mismo lugar en el que estaba escuchando y sentir todo el disgusto, pero desde el ahora, con la sabiduría de los treinta y cuatro años. La idea no es ir al pasado para quedarse en el pasado, la idea es estar en el presente, en el ahora haciendo un ejercicio, un viaje imaginario a la esencia real de aquel momento para ver una nueva película con la conciencia del ahora, desde la sabiduría y experiencias actuales. Este nuevo mirar busca observar los pros y los contras de ese suceso, qué perdí y qué gané para mi desarrollo personal. Además, es importante también observar si lo que sucedió fue meramente una pausa de confusión en que la única herramienta fue el olvido, el no querer poner atención a lo sucedido y seguir hacia delante sin pensar. El detalle es que si este fue el caso podrá observar que en el próximo estado de crisis a los dieciséis años, cuando rompió con su primer amor, el problema de los padres, estaba más presente y fuerte que nunca.

El detalle es que este ejercicio es algo que hacemos natural y espontáneamente en diferentes momentos de nuestra vida, pero sin ser conscientes de la revisión y de la mirada de nuestros procesos en la vida. Lo importante de esta revisión es estar presentes, de lleno en el ahora, con la sabiduría del momento y con las nuevas herramientas emocionales acumuladas en la conciencia del Ser. Descubrirás en este ejercicio que podrás desarrollar la trama de tu propio guión, y que la película de nuestra mirada de proceso cambia cada vez que la revisamos desde los nuevos panoramas de las experiencias recogidas en la trayectoria de la vida. Ahora, sabiamente te podrás entretener revisándote en la mirada de proceso de tu ser. Así cada revisión te transforma cada vez con mayor profundidad y gozo, con mayor entendimiento y claridad, facilitándonos el ejercicio de ser guías, consejeros y aprendices de torero.

Haga el favor de escuchar esto, no conteste, investigue: ¿Hay alguna manera de deshacerse de todas las serpientes de una vez, y no gradualmente? ¿Puedo yo ver el peligro de todos los animales, de todas las contradicciones que hay en mí y liberarme de ellas instantáneamente? Si no puedo hacerlo, entonces no hay esperanza para mí. Puedo fingir toda clase de cosas, pero si no puedo eliminar instantáneamente todo eso que hay en mí, soy un esclavo para siempre, no importa que renazca en una próxima vida o en diez vidas más. Así pues, tengo que descubrir una manera de actuar, de mirar, que ponga fin en el instante de percepción, al dragón, al mono particular que hay en mí.

Jiddu Krishnamurti,
El Vuelo del Águila

MIRADA DE PROCESO

El cambio no sólo se produce tratando de obligarse a cambiar, sino tomando conciencia de lo que no funciona.

Shakti Gawain

Principio del camino del cambio

El punto clave para la re-educación de nuestra persona es reconocer que nunca es tarde para comenzar el camino del cambio. Lograr pasar de un estado de ser a otro siempre honrando la experiencia adquirida en la trayectoria del antiguo proceso del estado del ser.

Lo que se busca con el ejercicio de *mirar el proceso* es uno para acceder a herramientas emocionalmente útiles para no reaccionar trancándonos ante la nueva idea de lo que está emergiendo. Tenemos una experiencia, nos resbalamos por una escalera y nos lastimamos; de ello hemos aprendido algo. Por otro lado, vemos una buena película y aprendimos de esta experiencia. Ese *mirar el proceso* en el instante mismo en que actúa es como si existieran dos pantallas simultáneas reflejando imágenes diferentes. En la primera pantalla nos vemos sorprendidos, molestos, incrédulos y con rabia de que estamos cayendo escalera abajo, y toda la emoción es de enojo, culpa y vergüenza. Sentimos que el día comenzó mal, no nos soportamos y tampoco deseamos hacer nada de lo planificado.

En la segunda pantalla nos vemos desde lejos cayendo escalera abajo y reconocemos instantáneamente que por estar tan pendiente de nuestros pensamientos, preocupaciones e idioteces de la ilusión compulsiva de lo que nos hemos impuesto hacer; es decir, que por estar totalmente ensimismados perdimos la atención de las pisadas y caímos. Ya en el suelo, toda la emoción es de gracia, alegría y un tanto de molestia por percatarnos que últimamente no hemos estado alerta de nuestro cuerpo, y menos aún de nuestras emociones. La caída se convierte en una señal para comenzar a estar consciente del ahora, de la respiración, para así poder detener la maraña de pensamientos y trasformar la caída en una experiencia digna de observación a tres niveles: físico, emocional y mental. El haber caído por la escalera es una pequeña crisis que nos ubica en el contexto del aquí y ahora para recordarnos que hay que estar más consciente del acto presente. Además, la maraña del pensamiento fue el detonador que poseyó toda la atención para desconcentrarnos del acto cotidiano y mecánico de caminar. Esta manera de despertar, el de la segunda pantalla, sucede casi siempre de forma súbita y lo que genera es una carcajada reflejo de haber visto claramente la propia estupidez.

Cuando no miramos el proceso lo que buscamos es un culpable o un escape en nuestros trabajos, el deporte o cualquier experiencia que entretenga nuestros sentidos para no tener que mirar los vínculos reales de lo que estamos viviendo. Muchas veces es miedo a tener que reconocer que uno lleva diez años haciendo las cosas erróneamente. En lugar de verlo desde el temor a perder o fracasar, la idea principal de esta forma de MIRAR, es transformar la situación en una oportunidad y poder decir qué bueno que sólo me tarde diez años en comprender que es tiempo de cambiar. En otras palabras, *mirar el proceso* es el ejercicio que nos ayudará a construir legítimamente la salida de la resignación satisfecha de la estupidez colectiva. Según Joseph Campbell, gran estudioso del poder de los mitos entre las culturas primitivas y contemporáneas, existe un denominador común en la mayoría de las culturas que se describe en la siguiente creencia popular: "Donde uno se tropieza hay un tesoro escondido." Esta noción reconoce que junto a cada tropiezo existe una crisis y conecta directamente con el concepto e ideograma chino de crisis que significa "peligro" y "oportunidad."

Por alguna razón, ese llamado para convertirnos en aquello que está diseñado para lograr nuestra arquitectura vital inherente es precedido por un tropiezo o momento de crisis que dirige toda la atención hacia el factor "peligro," paralizándonos mucho antes de poder ver los indicios de la "oportunidad." Nosotros tendemos a negar o justificar nuestro destino por nuestras propias inseguridades, ansiedades, falta de valor para emprender un riesgo y nuestra tendencia a esconder la cabeza en tierra para no tener que enfrentarnos a *mirar el proceso*, nuestra trayectoria, antes, durante y después del suceso. A pesar del sufrimiento y el dolor de enfrentarnos con nosotros mismos, y de estar aconteciendo dicha crisis, detrás de la negación continuamos alicaídos, sin ganas, desgastados por un tiempo y, de repente, como si saliera de ninguna parte, como si cayera del cielo, llega una señal o guía, algo (una voz interna) o alguien que nos ayuda a cruzar y entender que más allá de la crisis lo que existe es una aventura, una oportunidad. Cuando logramos decirle sí a este llamado, aún sin saber cómo, reconociendo que no existe otra salida, comenzamos a entrar en la legítima *mirada de proceso* dando paso al viaje de aventurar por nuevas veredas y sendas nunca antes vistas. En la medida que logramos estar en el presente plenamente conscientes de lo que hacemos, nuestros actos subsiguientes se cargan de poder espiritual. Cuando comenzamos a estar presentes de esta manera con otras personas sobre todo con los más allegados, no nos adentramos a esa relación como persona, sino como Presencia despierta, alerta del Todo y comenzamos a estar en la presencia de Ser uno en Todo.

Hay anécdotas de historias de vidas en que personas que están en el proceso de morir, y que se les ha hecho tarde para despertar y poner en función su *mirar el proceso*, a pesar de su negación, sucede que los fuertes medicamentos causan alucinaciones, y éstos ya moribundos son obligados a tener que ver, mirar el proceso a través de una alucinación súbita que promueve el despertar. En la agonía y sufrimiento de la enfermedad les es presentada en una de las pantallas de la conciencia la edad cronológica en una etapa de su desarrollo y la circunstancia específica en que el sujeto fue consciente de que tenía que cambiar, transformar su formas de ver y tomar riesgos para el mejoramiento existencial de su vida. En la otra pantalla observa que por miedo al cambio, y por falta de confianza en sí mismo decidió quedarse en la zona cómoda y durante su agonía y muerte le presentan todo lo que pudo haber sucedido si hubiera cambiado en aquel instante de su vida. Pero ahora ya es tarde para cambiar, ya que el único cambio que debe aceptar es la muerte misma que le asecha, y así habiendo conocido la película de la vida que no se atrevió a vivir, murió consciente de su única verdad.

El detalle es que aunque se haga difícil afrontar circunstancias críticas de la vida, estas crisis tarde o temprano estarán frente a nosotros esperando ver cómo las afrontamos. Lo importante para empezar con la mirada de proceso es dar el primer paso. Es iniciar la experiencia de observar y escuchar, y quizás uno de los primeros pasos esté siendo la lectura de este libro para ir desarrollando destrezas para torear la "*Cultura Bullying.*" Todos debemos dedicar el tiempo que sea necesario para experimentar el proceso que nos lleve a clarificar nuestro pasado. La mayoría de nosotros tiene una farsa de control que hay que superar, pero una vez lo hayamos logrado vamos a comprender nuestro *Tiempo del Ser* situándonos en el plano de la conciencia del ahora. Entonces nuestras vidas podrán cambiar de rumbo.

Estas técnicas, además de ayudarnos a torear el *bullying* o el acoso, también nos ayudarán a conocer las diferentes capas de las emociones según van activándose por consecuencia de las múltiples interrelaciones que solemos vivir diariamente.

Es imperante reconocer que el acto educativo es de todos y éste no sucede en el vacío. La educación está sucediendo todo el tiempo dentro y fuera de las aulas, ya que todos somos maestros y estudiantes de una forma u otra. Somos maestros porque el aprendizaje sucede por observación y no importa qué rol estemos asumiendo estamos siendo observados por otros -niños, jóvenes, adultos y ancianos- y todo lo que es representado por nuestra persona, sea bueno o malo, es aprendido por los demás, en especial en nuestro grupo familiar. Una situación que demuestra este tipo de aprendizaje cotidiano se presenta en esta anécdota de una maestra de primer grado que queriendo comprobar si los estudiantes habían aprendido conceptos e internalizado significados con las marcas y colores de los autos de mamá y papá, se le ocurrió preguntarles a sus estudiantes la marca y color del auto de su papi o de su mami.

La maestra -Por favor María, nos podrías decir la marca y color de los carros de tus padres.

María -Pues papá tiene un Toyota gris y mamá una guagua (furgoneta) blanca.

La maestra -Muy bien María. Angelito, ¿y tus padres?

Angelito -Papi tiene un Ford azul y mami una Honda gris.

La maestra -Gracias Ángel por compartir. Adriana,

Adriana -Pues papi tiene un Nissan verde y mami la "*Fucking* guagua" (la jodida guagua) blanca.

La maestra -Un poco preocupada continuó con el ejercicio con los demás estudiantes, pero al finalizar el día espero que llegara la madre de Adriana para comentarle lo sucedido.

(Cuando la maestra le cuenta lo sucedido a la mamá de Adriana, ésta rápidamente se excusa dejándole saber a la maestra lo siguiente:

La madre - La realidad es que yo tengo una guagua viejita que últimamente me está dando muchos problemas mecánicos y le está fallando todo. Cada vez que la guagua tiene un pequeño desperfecto mecánico, lo cual es bien recurrente, me enojo y constantemente estoy diciendo esta "*fucking*" guagua, lo que a mi entender Adrianita lo interpretó como la marca de mi auto.

Esta anécdota es un ejemplo de cómo los niños todo lo aprenden por costumbres y por la acción de su observación partícipe en la cotidianidad social en donde el niño va internalizando símbolos y significantes que acepta como propios, construyendo así la realidad social de su vida. Las formas en que nos organizamos socialmente van a determinar el desarrollo de la persona. El **cómo nos organizamos** determina hasta cierto punto **quién soy**. Si las formas de organización del hogar son caóticas y las interrelaciones sociales son violentas, las dinámicas de comunicación del hogar son agitadas con palabras soeces y costumbres violentas, pues los niños repetirán estas conductas como algo propio y normal. El cómo se organizan en el hogar determina en gran medida los valores, ideas, costumbres, tradiciones, dieta, salubridad, gustos, ritos y espiritualidad del niño. Es esta forma de organización social la que primero determina el *quién soy* y va moldeando las formas emocionales y psicológicas de la personalidad del niño, los estilos de comportamiento y las maneras en que el niño organiza sus procesos mentales.

Nuestro sentido de qué somos determina cuáles han de ser nuestras necesidades y las cosas a las cuales le atribuiremos importancia en la vida. Como también todo aquello que nos parezca relevante tendrá el poder de irritarnos y molestarnos. Como criterio para descubrir quién soy, debemos poner nuestra mirada en el proceso de aquellas cosas que nos irritan y nos alteran. Estas cosas que alteran y tienen el poder para molestarnos son la base inconsciente de nuestra noción de lo que creemos ser. Es más fácil hacer una lista de aquello que nos molesta que de aquellas cosas que nos gustan. Un ejercicio recomendable es hacer una lista detallada de todo aquello que nos molesta a nivel físico, emocional y mental. Cuando terminemos el listado, verificamos cada precepto y le otorgamos un *valor del 1 al 10,* dependiendo de cuanto nos moleste. En el valor asignado a cada precepto se habrá de reflejar lo que verdaderamente estimamos, valoramos y disfrutamos. En otras palabras, descubriremos qué es lo que nos gusta y, a su vez, entenderemos la raíz de nuestro sufrimiento y dolor.

Recordemos que el verdadero conocimiento profundo de nuestro ser no tiene nada que ver con las ideas y formas de pensamientos que flotan en nuestra mente. Conocernos a nosotros mismos implica un esfuerzo por distanciarnos de las películas perturbadoras de la mente para anclarnos en la seguridad de nuestro *Ser*. Cuando utilizo la palabra Ser con mayúscula significa estar libre del tiempo y del espacio. El Ser tiene su propia vida independiente, su propia senda de evolución y progreso y sus propias modalidades de servicio. El *Ser* no es la persona social. Recordemos que *persona* en griego significa *máscara,* y para llegar al *Ser* tenemos que quitarnos la máscara construida socialmente a través del condicionamiento recibido en las formas de organización en que fuimos instruidos en nuestro hogar, nuestra primera escuela. Todo lo que somos es resultado de lo que pensamos y de los significantes que están constituidos en nuestros pensamientos. Es por eso que si un hombre o mujer habla o actúa con un pensamiento malo, la cadena de sucesos que aquel tendrá será de dolor y sufrimiento.

Para poder estar en el Ser, debemos primero limpiar nuestras ropas, los vehículos de nuestra personalidad, nuestro cuerpo físico, emocional y mental. Limpiarnos y purificarnos de la mente significa tener un cuerpo sano; tener emociones colmadas de amor y compasión hacia todos los seres humanos y la vida natural; y poseer una mente que piense con claridad, libre de las nubes de hechizos e ilusiones creados por el juicio y la fragmentación aprendida y condicionada socialmente.

AMR

Una muñeca de sal recorrió miles de kilómetros de tierra firme, hasta que, por fin, llegó al mar. Quedó fascinada por aquella móvil y extraña masa, totalmente distinta de cuanto había visto hasta entonces.

- ¿Quién eres tú? - le preguntó al mar la muñeca de sal.

Con una sonrisa, el mar le respondió:

- Entra y compruébalo tú misma.

Y la muñeca se metió en el mar. Pero a medida que se adentraba en él, iba disolviéndose hasta que apenas quedó nada de ella. Antes de que se disolviera el último pedazo, la muñeca exclamó asombrada:

- ¡Ahora ya sé quién soy!

AMR

¿EXISTE UN MAPA PARA SER MADRES Y PADRES?

Educar no es dar carrera para vivir,
sino templar el alma para las dificultades de la vida.
Pitágoras

He de reconocer que no existe un mapa de cómo ser un padre o una madre, pero delinearemos ciertas destrezas básicas que nos ayudarán tanto a nosotros como a nuestros niños-jovenes-adultos a tener mayor confianza en sí mismos para poder torear a cualquier *bullying*. El mapa que estaremos construyendo juntos a través de los significados de las próximas palabras a ser leídas, y sus posibles vínculos, están directamente relacionados con la raíz y etimología de la palabra cambio.

Solo existe el mapa para comprender el cambio

CAMBIO significa pasar de un estado a otro. Este estado puede ser a nivel físico, emocional, mental o espiritual. Este cambio significa y hace evidente la relación con el tiempo y con el desarrollo emergente que se está develando en el ahora; ahora mismo frente a nosotros.

La transición de un paso al otro se llama "momento de crisis" durante el cual el ser humano puede caer *("peligro")* o ascender *("oportunidad").* Si éste asciende y evoluciona, poco a poco olvida los viejos patrones y se eleva hacia alturas nuevas y más abarcadoras. Detrás de este conflicto o "momento de crisis" está la dualidad de los seres humanos, la fragmentación, el juicio de valores entre el bien y el mal, el fracaso y el éxito, lo normal y lo no normal, lo funcional y lo disfuncional, y prosigue su conflicto en el campo de batalla que se llama ser humano.

Un ejemplo de este cambio súbito lo es la llegada de nuestro primer hijo, el cual demarca el inicio de un proceso de cambio o "momento de crisis." La llegada de un hijo marca un cambio de un estado del ser a otro. Si nos preguntáramos a ciencia cierta ¿Cuándo fue que verdaderamente internalicé responsablemente mi rol de madre o de padre? Por vez primera me convertí en madre o padre, y a pesar de la dicha del momento, no lograba comprender la energía que se movió en forma de torrentes de pensamientos dentro de mis vehículos: físico, emocional, mental y espiritual. Sinceramente, ¿Cuándo fue que usted se hizo madre o padre? Dentro del contexto cultural y social, soy el padre y la madre de esa nueva criatura y todo el mundo se encarga de recordármelo. A pesar de la confusión del momento ante ese nuevo rol de padre y madre, y el tener que reconocer que no existe un mapa o estructura que me ofrezca toda la seguridad y conocimientos para decir con firmeza que estoy totalmente certificado como un padre y una madre ejemplar; a pesar de esto tenemos que ejercer el rol de padres a como dé lugar porque la "presión social" exige dicha responsabilidad. Lo único real que existe es una realidad medible y contundente, la llegada de esa criatura que salió de tu vientre te hace instantáneamente madre, y al gestor amorosamente responsable o irresponsable de haber depositado la esperma lo convierte en padre.

Todo cambio origina un "momento de crisis" que se basa fundamentalmente en la relación cotidiana y habitual de lo que entendemos de nuestra persona con aquello que está por emerger. Lo que está por emerger siempre es desconocido, es por eso que es natural que la emoción predominante en todo cambio sea la ansiedad.

Hay un estado del ser que surge súbitamente en el mero acto de una experiencia. No es necesario prepararse conscientemente para ese nuevo estado del Ser. Este llega sin avisarnos y, la mayoría de las veces, nos toma por sorpresa. Un ejemplo de este estado del ser surge de la experiencia de tener nuestro primer hijo, la cual nos obliga formalmente a convertirnos en padres y madres. El convertirnos en padres y madres no surge necesariamente en el acto práctico de la llegada de nuestro hijo, y menos aún al tenerlo en nuestros brazos y mirar al recién nacido fijamente a su rostro. Casi siempre la llegada súbita de ese nuevo estado del Ser surge, para algunos, posiblemente en ese mismo instante en que lo tenemos en brazos y para otros mucho después, en el lugar menos indicado. Quizás han transcurrido tres semanas, cinco meses o un año del nacimiento de ese hijo, y caminado por la acera hacia el trabajo nos detenemos para mirar hacia arriba de un árbol bien frondoso, lleno de flores amarillas, y observamos en una rama del árbol un pajarito que también nos mira; y en ese instante una flor se desprende y observamos la caída detenidamente dando vueltas en forma de espiral, cayendo poco a poco para depositarse en la palma de una de nuestras manos que acepta la encomienda de movilizarse y abrirse para recibir la belleza de dicho instante.

Muchas veces este despertar es recibido seguido de un llanto de sorpresa, porque bien dentro de nuestra persona hemos descubierto una nueva sensibilidad que ahora nos hace responsable de la unidad y de la totalidad integral de cada momento de la vida. Mirando detenidamente la belleza de la flor y la forma en que reposa sobre la palma de la mano, sabemos bien que el llanto no fue ni por la flor, ni por el pajarito, ni por el hijo. Es porque ha nacido en uno un nuevo estado del Ser que nos hace padre o madre, pero también nos hace consciente de que todo está conectado con todo. Ahora ese instante es tan mío como del pajarito, como del árbol, como de la flor, como de mi hijo, como de la nueva conciencia que está creciendo dentro de mi persona y de todos aquellos que en este mismo instante están despertando a un estado semejante de conciencia. Según Carl G. Jung, a este suceso se le llama sincronicidad. La sincronía se refiere a una relación no causal que une dos o más acontecimientos de una manera significativa. Cada uno de los acontecimientos relacionados sincrónicamente puede tener gestores o detonadores causales, pero su unión, el hecho de que todos se reúnan a la vez, produce una coincidencia "significativa" que tiene sentido. Es el acto significativo mismo en que cobra sentido lo que unifica toda la experiencia en una sola, en un Todo, y es esa *mirada de proceso* la que descubre el surgir de la sincronicidad. En cambio, cuando no estamos alertas y estamos guiados por el tiempo lineal de la prisa y poseídos por la madeja de pensamientos, vamos a estar siempre en un estado alterado de ansiedad y estrés que nubla nuestra percepción no logrando relacionar lo significativo de dicha experiencia.

Cuando nos sentimos ansiosos, inquietos o preocupados no nos podemos relajar. Nos sentimos intranquilos, nos invaden pensamientos que no podemos aquietar y lo que deseamos es evitar o escapar de las confrontaciones que se avecinan a raíz de este cambio o nuevo estado por emerger. La ansiedad es una *E-MOCIÓN, energía en movimiento* directamente relacionada con el miedo. La trama argumental de la ansiedad-miedo es enfrentarse a un peligro concreto y repentino a nuestro bienestar físico, emocional o mental. También ese "momento de crisis" es asumido como una *provocación*. La provocación es algún acontecimiento que se avecina, cuyas manifestaciones están caracterizadas por una amenaza incierta como resultado de un enfrentamiento. Por citar un ejemplo, el acoso escolar o *bullying* es una provocación que se convierte en una interacción social con potencial de crítica o desaprobación de los demás estudiantes. No obstante, es difícil enfrentarse a una amenaza que produce ansiedad debido a la poca información referente al problema o *momento de crisis*, que nos hace sentir inseguros sobre lo que pudiera ocurrir y no sabemos qué hacer al respecto, quedando muchas veces congelados y paralizados idiotamente.

Si verdaderamente deseamos iniciar un proceso de *re-educación* es necesario adoptar nuevas actitudes que develen en la experiencia-aprendizaje la adquisición de nuevas habilidades. Esto implica concentrar toda la atención en una sola cosa a la vez, aprender a disminuir el ritmo de nuestras formas de pensamientos.

Para reencontrarnos con nuestros sentidos y con lo que significa estar aquí en el presente, ahora en este momento con nuestro hijo, y con aquello que se esté develando verdaderamente a cada instante frente a nuestra vida, tendríamos que aprender a vivir la vida desde el AHORA. Recomiendo la lectura del libro *"El poder del ahora"* de Eckhart Tolle para conocer a profundidad cómo vivir adentrados totalmente en el ahora.

Un hombre fue a Wahab Imri y le dijo:

- Enséñame humildad.
- No puedo hacerlo - dijo Wahab - porque la humildad es una maestra en sí misma.

Se aprende por medio de su misma práctica. Si no la puedes practicar, no la puedes aprender.

Si no la puedes aprender,
no quieres realmente aprenderla en absoluto dentro de ti.

Ochi

Ochi

LA VENTANA DE LA E-MOCIÓN

A los que corren en un laberinto,
su misma velocidad los confunde.
Séneca

La E-MOCIÓN es (E)-energía en (MOCIÓN)-movimiento representada por reacciones detonadas por nuestros sentidos, por la cadena de valores y significados demarcados a su vez por nuestra percepción e interpretación del suceso o "momento de crisis." Hay que aprender a manejar el ahora desde el mismo instante en que surge el "momento de crisis" y despierta nuestra ansiedad-miedo para lograr aprender a torear la embestida del toro *bullying*. Es importante conocer las energías en movimiento que nos perturban, las *e-mociones* que surgen en ese momento dentro de nuestro cuerpo. El principio básico para conocer eso que llamamos *e-moción* es sustentado en los fundamentos de la medicina y la filosofía tradicional oriental. La eficacia de esta filosofía antigua es innegable y comprobada por cincuenta siglos de práctica. Los antiguos concebían la energía creadora como parte de dos fuerzas antagónicas. A estas fuerzas las llamaron *Yin* y *Yang*, y visualizaban al mundo a modo de una existencia en estado de cambio constante debido a que la expansión de una de ellas causaba la contracción de la otra, pero ambos estados son parte de una misma cosa llamada el *Todo* en occidente o el *Tao* en oriente. En la actualidad occidental ejemplos de ese antiguo principio lo son el sístole-diástole de nuestro corazón, las leyes científicas de conservación de energía y la polaridad electromagnética.

La raíz de toda la dificultad occidental se encuentra en nuestra tendencia a considerar el "momento de crisis" como un opuesto totalmente separado o divorciado de uno mismo y de la totalidad. Como si uno fuese el único en el mundo que viviera alguna crisis. Este estado de sentirse único, hasta para el fracaso, surge por la pasión occidental del individualismo, por el egoísmo porque solemos creer dentro de nuestro estado de profundo dolor que esto no le pasa a nadie, "solamente a mí" y solo yo vivo *"momentos de crisis."* La idea de los antiguos orientales es que la vida y la muerte son partes de una misma cosa. Un opuesto no puede existir sin el otro. Todos los opuestos comparten una identidad implícita. Es decir, que por más que parezcan diferentes los opuestos (alegría y tristeza) son del todo inseparables y recíprocamente dependientes por la sencilla razón de que ninguno de ellos podría existir sin el otro. Dentro de este principio y concepción oriental de la energía es inherente el cambio constante del torrente energético. Los ciclos del día y la noche, de la vigilia y el sueño, se relacionan con la polaridad que existe entre la mente consciente y la mente inconsciente. Cuando hablamos de la oscuridad, nos referimos a lo que es contrario a la luz. El biólogo Rupert Sheldrake nos invita a comprender esto a través del estudio del ojo. *"El centro de la pupila es negro; esto se debe a que el interior del ojo es negro. Usted puede ver la luz porque lo que recibe es oscuro. Si dentro del ojo no estuviera oscuro, la luz que entrara se esparciría por todo ese sitio y no seríamos capaces de distinguir la luz que ingresa de lo que se refleja dentro del globo ocular. A las cámaras fotográficas las pintan de negro por la misma razón. Lo que nos permite ver es el contraste que existe entre la negrura del ojo y la radiación que entra."* La mirada de proceso consciente nos invita a lograr este contraste entre la luz y la oscuridad, entre las sombras y/o "peligros" a que nos arriman nuestras emociones y las múltiples "oportunidades" y posibilidades para trasformar la oscuridad "momento de crisis" en luz; es esa la nueva visión de la *"mirada de proceso"* del Ser consciente.

Ying Yang: el puente conector de los opuestos

La *e-moción* es vista como una *energía en movimiento* constante. La dinámica de este fluir ocurre en los cambios de dirección entre la polaridad energética de calidad dinámica (activa) y la polaridad receptiva (pasiva). La e-moción es una energía en movimiento que cuando uno no es consciente de ésta reacciona desde un lugar que emerge de una energía del torrente interno no comprendido. Esta reacción puede estar sugestionada por aprendizajes condicionados, que previamente fueron recolectados socialmente por el niño-joven-adulto en el entorno y formas de organización en su hogar, escuela o comunidad durante los primeros años de vida.

Por ejemplo si alguien nos falta el respeto la energía que comienza a activarse dentro de uno es de ansiedad y enojo. Esta energía en movimiento de enojo buscará una respuesta rápida, según la información depositada previamente en la memoria del niño-joven-adulto. La reacción será automática, reaccionando dependiendo de los conocimientos previos aprendidos por el niño-joven-adulto. La e-moción es *energía en movimiento* que anda buscando una pronta explicación racional para entender la energía que se ha activado en el cuerpo físico, emocional y mental. Es este proceso, el de querer entender la *energía en movimiento* (e-moción), lo que activa la mirada que busca una pronta respuesta, comprensión o reacción sugestionada por los conocimientos previos inconscientes procedentes del condicionamiento del entorno social del niño-joven-adulto. Por ejemplo, hogar, escuela, juegos electrónicos, programas y anuncios televisivos, telenovelas, y películas, entre otros. Sin embargo, la activación de la mirada de proceso es a su vez la activación de la voluntad de querer indagar en una comprensión legítima y profunda de ese emocionar procedente de nuestros condicionamientos.

DOS NIVELES PARA COMPRENDER LAS REACCIONES DE NUESTRAS E-MOCIONES

Existen dos niveles para lograr comprender nuestras emociones. El primero es el **Emocionar-sin-lupa** el cual es el más primitivo e inconsciente. El segundo es el **Emocionar-con-lupa**, que es la acción consciente y responsable de la mirada de proceso.

1. EMOCIONAR-SIN-LUPA: Es aquella reacción determinada desde la ***perspectiva inconsciente***. No hay graduación del lente de la mirada y es una reacción determinada por la falta de *mirada de proceso*. Es lo más comparable a estar dormidos y despertar al mismo instante que tenemos que reaccionar, y reaccionamos casi instintivamente semidormidos. Al no haber mirado el proceso, nuestra reacción es pobre y actuaremos partiendo de una sugestión parecida a lo que sucede cuando somos hipnotizados. En este caso el entorno y el ambiente social han modelado nuestra psiquis a tal extremo que nos hemos vuelto incapaces de independizarnos. Esta reacción emocional proviene directamente de todo cuanto pensamos, imaginamos, sentimos, razonamos y hacemos, aún aquello que creemos original, nuevo y que proviene exclusivamente del ambiente que nos rodea y nos moldea. En este caso el ambiente y entorno son el hipnotizador al que nos sometemos voluntariamente, y tal como ocurre al sujeto que recibe la sugerencia del hipnotizador en estado de trance o sueño y luego realiza aquello que le fue sugerido, creyendo firmemente que se trata de una decisión personal y voluntaria, así también nuestros hijos y nosotros los padres actuamos constantemente sin independencia, como autómatas, bajo la influencia de innumerables sugestiones recibidas a través de la observación y la percepción sensorial adquirida en el entorno en que nos hemos desarrollado y criados.

En el *Emocionar-sin-lupa* existe carencia de discernimiento que significa falta de autoconciencia. La falta de autoconciencia debe interpretarse en el sentido de la falta de ser consciente del yo. Es el llamado *maya* conocido en la sabiduría de la India como la *Gran Ilusión* que nos hace ver el mundo objetivo como diferente del Yo, en lugar de ver los dos como dos aspectos unificados de la Realidad Una. Esta "vana ilusión" que también mencionan en la Biblia en Eclesiastés donde David reflexiona sobre: ¿Cuál es el sentido de la vida? ¿Qué es aquello a lo que el hombre debe dedicar sus esfuerzos? ¿Cuál es el bien supremo? ¿Cuál es el fin último de la vida? plantea que esta ilusión hace que el ser humano viva su realidad entre espejismos, ilusiones y hechizos de la vida mundana con más y mayor facilidad. El *Emocionar-sin-lupa* se asemeja a ese actuar sin conciencia y sin pensamiento crítico para poder detectar los hechizos sociales que nos mantienen aferrados a la vana ilusión o atados a la resignación satisfecha de la estupidez social.

2. EMOCIONAR-CON-LUPA: Es aquella reacción determinada desde la ***perspectiva consciente***. Hay graduación del lente y es una reacción determinada por la efectiva racionalidad como producto de la voluntad para ejercer conscientemente la *mirada de proceso*. Al haber mirado y revisado detenidamente el proceso, nuestra reacción al "momento de crisis" será consciente y de mayor efectividad porque actuaremos partiendo de una mirada certera de lo que está aconteciendo. Este "darse cuenta" no es un mero razonar intelectual. El "momento de crisis" nos adentra a una solemnidad del dolor y súbitamente nos sume a veces en un sereno recogimiento contemplativo que nos hace reconocer el proceder de nuestras emociones y su relación con la película ilusoria del torrente de pensamientos que nos enferman para entonces distanciarnos y lograr llegar a "*vernos*" o sentirnos tal como somos: egoístas, ambiciosos, crueles, vacíos, superficiales, hipócritas, injustos, violentos, criticones, pasivos, alterados, distanciados, con deseos de ganar, entre otras. Esta serena percepción puede también ser ejercitada sin la apremiante presión de lo acontecido. Esta percepción consciente hace que uno se adentre a las tremendas interrogantes del ser humano íntegro. Dentro de ese honrado y sereno cuestionar surgen las luces a través de las ventanas que iluminan poco a poco todo el campo de la conciencia puesto que lo que se descubre entonces es la persona o *máscara.* La palabra *persona* viene del latín persona y en griego "*prospora"* que significa lo que se tiene delante de la cara o máscara utilizada por un personaje teatral. Al reconocer la procedencia de la construcción de la máscara, el *Maya, la Gran Ilusión, la vana ilusión o el hechizo,* que utilizamos confusamente como parte de nuestra personalidad puede iniciarse el despertar. Sólo aquel que ha sacado tiempo y voluntad para re-educarse pasa del "momento de crisis" al cambio y a la transformación pasando de un estado de ser a otro, entrando a los linderos de la oportunidad de verse desde un nuevo plano que trae consigo la sabiduría.

Por ejemplo, el inicio de una *Mirada de Proceso* utilizando la cualidad del Emocionar-con-lupa surge súbitamente a causa de una situación crítica: "Usted tiene un accidente de auto y luego de dicho "momento de crisis" usted dice "esa fue una Gran Experiencia." En realidad fue algo desastroso, frustrante, peligroso e incómodo. Pero usted sabe que durante los milisegundos de percatarse de que se estaba accidentando surgió súbitamente algo especial en usted durante ese pequeño e infinito transcurso de accidentarse, una experiencia única, inexplicable de coraje y protección. Es a veces una experiencia como esa la que despierta la conciencia del Emocionar-con-lupa. Una experiencia verdadera y única es aquella que conecta unitariamente la percepción y el conocimiento de nuestro cuerpo físico, emocional, mental y espiritual, dejándonos saber súbita e instantáneamente sobre la manifestación de un conocimiento único y superior. Una experiencia verdadera es aquella que nos enseña un principio, una virtud, una ley, una falla que tenemos o una revelación a través de la cual expandimos nuestra conciencia y descubrimos la naturaleza de ciertos eventos y sus causas. Son estos eventos críticos: un acoso, *bullying*, un accidente, una enfermedad, un divorcio, la muerte de un ser querido, el ser despedido del trabajo, por citar algunos de los ejemplos más frecuentes, los que pueden despertar la conciencia del Emocionar-con-lupa dejando atrás el estado del ser del Emocionar-sin-lupa.

Estos dos acercamientos del *emocionar-sin-lupa y con-lupa* determinan el tipo de reacción que activaremos en una situación específica de vida. En el caso del niño-joven-adulto acosado, el tener que actuar y *Emocionar-sin-lupa* puede convertirlo en una víctima expuesta al acoso por tiempo prolongado; situación que generará en el niño-joven-adulto problemas en su personalidad y en la forma de percibir su existencia humana y la vida en general, o también puede transformarse en un ser violento, copiando los patrones del propio acosador.

En cambio, el actuar y *Emocionar-con-lupa* significa que el niño-joven-adulto acosado ahora está en un proceso de percatarse de ¿Quién soy? para desarrollar nuevas destrezas y herramientas y poder comprender la raíz del problema y los vínculos de la situación con los diferentes entornos. El niño-joven-adulto acosado (Aprendiz de Torero) reconoce que este suceso es una gran oportunidad para desarrollar nuevas destrezas emocionales y sociales que le ayuden a ser más activo y afirmativo con los eventos cotidianos de la vida. También éste reconoce que su rol es uno de educador. Es como un guerrero ciudadano de paz que apuesta que el bien está por encima del mal e internalizara en su proceso que el bien es sinónimo de unidad, amor, alegría, confianza y valor. Las virtudes a desarrollar en el *Emocionar-con-lupa* son la calma, seguridad, contemplación, conocimiento, paciencia, sabiduría, valor y gracia.

El individuo que funciona desde el *Emocionar-sin-lupa* es semejante a aquel que lo que percibe son las nubes y la tensión de la atmósfera que descarga la lluvia y oscurece el sol. La mente del individuo está bajo un conocimiento inferior que convierte a las nubes y a la lluvia en una fuente de ataduras que generan enojo y malestar en las acciones de la persona. Este individuo es uno aferrado a la manifestación cotidiana, sin conciencia ni pensamiento crítico. Es aquel que la propaganda del consumo y la histeria colectiva lo atrapa, controlando así sus reacciones emocionales y sumiendo todo su comportamiento a la inconsciencia de la resignación satisfecha de la estupidez generalizada. Por el contrario, el individuo que funciona desde el *Emocionar-con-lupa* se asemeja a aquel que utiliza la *mirada de proceso* consciente como herramienta para reconocer que estas nubes grises recargan la atmósfera y oscurecen el sol que está brillando tras las nubes y que no puede ser visto desde abajo. Pero su conciencia activa reconoce que las nubes no cubren realmente al sol ni pueden cubrirlo; únicamente aquellas personas que están tratando de ver el sol desde abajo creen que está cubierto por las nubes.

Es importante reconocer que este individuo que actúa desde el estado del *Emocionar-con-lupa* se ha elevado por encima de las nubes. Ellas no le oscurecen el sol, y puede ver tanto el sol (*la oportunidad*) y las nubes (*la crisis*) simultáneamente sin que el mundo de la realidad y sus manifestaciones lo afecten o lo engañen. Liberarse de la trampa social, el *Maya* o la *Vana Ilusión,* es pasar del estado del Emocionar-sin-lupa al Emocionar-con-lupa logrando disipar las nubes para que el sol de la conciencia espiritual brille sin obstrucciones. En esta realización final las nubes de las modificaciones mentales se transforman en conciencia perdiendo su poder oscurecedor. Esta transformación o cambio del "momento de crisis" se produce cuando internalizamos en el centro de nuestro Ser que no existe relación sujeto-objeto y se ve únicamente la Realidad Unitaria e integradora de la Totalidad. Este descubrir va acompañado de una calma o centro de poder que existe en cada ser humano desde el momento de su nacimiento, al que le han llamado "el Ser", *"la Ley del Corazón"*, *"Centrarse"*, encontrar el *"Hálito o aliento de vida"*, y para otros es tocar el Sagrado Corazón de Cristo, el *Nirvana*, *Samadhi* o la iluminación.

Mientras más descubran la *ley del corazón* ocurrirán menos violaciones de las leyes del estado. No es la ley la que sana y transforma al ser humano, es la educación sin cristalizaciones, la enseñanza participativa, holística y práctica de los buenos ejemplos que nutren el desarrollo humano. Es este tipo de enseñanza participativa, con valores de respeto a uno mismo y al otro en todos los sentidos, la que puede ahorrar energía y tiempo ayudando a la gente a encontrar direcciones más profundas y elevadas en sus vidas. El aumento en el número de leyes es indicativo de un aumento en la corrupción. A mayor aumento en las leyes, los ciudadanos tendrán menos oportunidad de transformarse como ciudadanos potencialmente creativos, participativos, responsables y libres. Si a los niños-jóvenes-adultos se les enseña en la práctica que la suma de todas las leyes del *bien-estar* se encuentra en el centro de su corazón, cada uno de ellos y de nosotros sabrá convivir con los demás y cómo relacionarse con la esencia natural de la *Voluntad del Bien* logrando activar la gracia de la ***espiritualidad ciudadana***. Debe comprenderse que en esencia, el ser humano es bueno. Si entra en crisis es porque necesita reparar ciertas partes de su naturaleza que por diferentes razones del *Emocionar-sin-lupa* fueron dañadas en el pasado por la recolección de falsos valores e ideales.

Este acercamiento, en el cual la gente puede tener perfecta libertad para dialogar, expresar sus pensamientos y escuchar otros puntos de vista sin miedo a que lo hieran o engañen, tendrá un mayor efecto en el progreso humano que la falta de respeto, la represión, el castigo, el maltrato, el acoso y todo acto de violencia inhumana. Esta libertad nos distanciará del animal primitivo que vive en desconfianza, defendiéndose para finalmente pasar al estado integral del Ser-humano.

Un famoso gurú se iluminó. Sus discípulos le preguntaban: ¿Maestro, qué consiguió como resultado de su iluminación?

¿Qué le dio la iluminación?

El maestro respondió: "Bien voy a contarles lo que ella me dio: cuando como, como; cuando miro, miro; cuando escucho, escucho. Eso fue lo que ella me dio."

Los discípulos replicaron: "!Pero todo el mundo hace eso!"

Y el maestro se rió a carcajadas: "¿Todo el mundo hace eso? ¡Entonces todo el mundo debe estar iluminado!"

(La cuestión es que casi nadie hace eso. Casi nadie está aquí,presente, en el ahora, en la esencia de lo que acontece frente a tu piel, frente a tus ojos. AMR)

LA CRUZ QUE TODOS CARGAMOS

Cinco minutos bastan para soñar toda una vida, así de relativo es el tiempo.
Mario Benedetti

Para lograr el estado integral del *Ser-humano* es importante reconocer que todo lo que acontece en nuestro *emocionar* habitual sucede dentro de un tiempo determinado. Es la concepción del tiempo el que determina nuestro estado emocional, el cual está directamente determinado por la graduación del lente o de la mirada propia desarrollada por la manera de concebir nuestro tiempo. Además, para adentrarnos a ser conscientes de nuestros valores acerca del tiempo debemos preguntarnos: ¿Cuál es nuestra concepción del tiempo? ¿Dispongo de tiempo suficiente en mi vida? La mayoría de las personas sufre de lo que habitualmente llamamos *"falta de tiempo."* Las personas se quejan de no tener tiempo y esta concepción de que el tiempo no es suficiente es la que genera ansiedad, miedo, frustración, presión constante, estrés y un sentimiento de que "haga lo que haga siento que debería estar haciendo otra cosa." Esta idea de sentirnos atrapados por el tiempo y de sentir que la semana debería tener diez días y no siete tiene sus raíces en una construcción social de la realidad del *pensar horizontal* que es determinado por el *tiempo del hacer*.

Recordemos que nuestra concepción del ¿Quién soy? está determinada por la manera en que otros (madre, padre y círculo familiar) nos organizaron. Es decir, ese conjunto de relaciones sociales, casa, escuela, vecindario, y comunidad. La forma de organización social y cultural están determinadas por el ambiente y lugar en que fuimos criados desde nuestro nacimiento hasta aproximadamente los 15 años, y es dicha organización la que regirá nuestro*"yo soy"* de la personalidad. Es dicha organización la que determinará nuestra concepción del tiempo.

Esta concepción del tiempo tiene dos direcciones: el ***Tiempo del hacer regido por el*** *pensar horizontal* que está representado y estructurado literalmente por el tiempo del reloj, y el ***Tiempo del Ser regido por el*** *pensar vertical* que está representado y estructurado por el tiempo de la pausa, el silencio, la contemplación, el ahora, el tiempo presente.

El acto de pensar es la herramienta fundamental para desarrollar nuestra *Mirada de Proceso* y es lo que nos ayuda a pasar del *Emocionar-Sin-Lupa* al *Emocionar-con-lupa*. El dilema es que nuestros tiempos están controlados por el *tiempo del hacer* que se encuentra horizontalmente situado bajo el marco teórico de un futuro distante. Por ejemplo, sabemos que nos encontramos en el punto B y nos dirigimos hacia el punto C, pero nuestra mente, nuestro estado de pensar ya está planificando, elaborando y tratando de estructurar lo que estaremos haciendo cuando lleguemos al punto Z. Este tiempo del hacer va construyendo siempre en la prisa formas de un *pensar horizontal*. Es importante aclarar que el pensar acelerado es la naturaleza del *pensar horizontal*, el cual es el gran hechicero que nos cautiva dentro del cuerpo del Emocionar-Sin-Lupa. También es esta organización social del *pensar horizontal* la que estructura las formas-pensamientos en que solemos ordenar nuestras vidas. Es esta manera de ordenar la vida la que determina la balanza de valores, concepciones, ideas y formas de comportamientos que suelen imprimirse en ese vestido de la llamada "personalidad." El peligro de esta forma de pensar es que la mayoría de las veces quiere resolver caprichosamente el propio dolor con rituales enfocados en sentimientos egoístas que se distancian de la propia verdad desconocida.

Un niño sintió que se le rompía el corazón cuando encontró, junto al estanque, a su querida tortuga patas arriba, inmóvil y sin vida.

Su padre hizo cuanto pudo por consolarlo: -No llores, hijo. Vamos a organizar un precioso funeral por el señor Tortuga. Le haremos un pequeño ataúd forrado en seda y encargaremos una lápida para su tumba con su nombre grabado. Luego le pondremos flores todos los días y rodearemos la tumba con una cerca.-

El niño se secó las lágrimas y se entusiasmó con el proyecto. Cuando todo estuvo dispuesto, se formó el cortejo –el padre, la madre, la criada, y, delante de todos, el niño- y empezaron a avanzar solemnemente hacia el estanque para llevarse el cuerpo, pero éste había desaparecido.

De pronto, vieron cómo el señor Tortuga emergía del fondo del estanque y nadaba tranquila y gozosamente. El niño, profundamente decepcionado, se quedó mirando fijamente al animal y, al cabo de unos instantes, dijo: -Vamos a Matarlo- **.X.**

(El tiempo del hacer es egoísta y está enraizado no en el otro, sino en la sensación que me producen los acontecimientos. AMR)

Ochi

¿Cómo entonces podemos comprender el pensar como una herramienta liberadora de los hechizos y la vana ilusión? Para comprender esto tenemos que distinguir entre el tiempo del hacer y el tiempo del Ser. El tiempo del hacer desarrolla el *pensar horizontal* y el tiempo del Ser desarrolla el *pensar vertical*.

Cuando unificamos ambas formas de pensar, vertical y horizontal formamos la cruz que todos cargamos: el tiempo. El ser humano es la cruz viviente de su pensamiento demarcado en el tiempo.

El pensar puede ser la fuente real de la unidad, el amor, la alegría, la confianza y el gozo espiritual (*pensar vertical*); o del éxito material, los apegos, caprichos, tristezas, las luchas, la falta de tiempo, los logros, las ambiciones y el futuro (*pensar horizontal*). Ambas formas de pensar son en sí mismas el devenir de la otra, no existen separadas. Actualmente, en este presente de la lectura estoy tratando de separar algo que es inseparable, dado que nosotros en primera instancia ya "somos" en sí mismo un ser espiritual envuelto en un cuerpo físico y material. Dos en Uno, Uno en dos o Uno en Todo. Trataremos de separar algo que está unido en la integralidad del Ser-Total para comprenderlo desde el ángulo del *pensar horizontal* de la razón que todo lo separa, pero en esencia la comprensión se debe dar sin esfuerzos desde el nivel integral-superior de su Ser. Este tipo de realidad en que uno decide creer algo que en condiciones normales, dentro del *pensar horizontal*, se consideraría absolutamente irracional, es el tipo de enseñanza súbita del *pensar vertical* que sólo cobra sentido al verse una imagen más amplia de la realidad. Es ahí donde encaja la experiencia de fe.

El *pensar vertical*, regido por la integralidad del Ser, profundiza en la sustancia de las causas existenciales, espirituales de las cosas. Es solidario, cooperador, integrador y unificador, siempre activando el lente de su mirada hacia un estado profundo de la conciencia universal. Está basado en el "Yo Soy" aquí y ahora. Es una mirada siempre puesta en el presente que acontece ahora mismo frente a nosotros. El *pensar vertical* es una mirada unificadora que entiende que el ser humano y sus sentidos son parte integral de la naturaleza y del universo. En el *pensar vertical*, el ser humano deja de ser el centro del universo entendiendo y asumiendo responsablemente que el desarrollo de las fuerzas de su pensar egoísta (*pensar horizontal*) puede generar cristalizaciones, paradigmas y estructuras que buscan destruir a otros seres vivos, a seres humanos y también afectan directamente, a corto y largo plazo, al ambiente en que vivimos. El *pensar vertical* se pone a prueba durante la experiencia práctica del Pensar horizontal. Un ejemplo práctico de nuestro *pensar vertical* es cuando asistimos a la iglesia, culto, salón, mesquita, sinagoga y estamos orando en comunidad. Allí todos somos uno y nos damos la paz, y nos tomamos de manos aunque no nos conozcamos. Nuestros pensamientos pasan de un nivel egoísta a un pensar más colectivo y unificador. Este ejemplo muestra cómo hemos desarrollado prácticas y rituales acoplados a la estructura del *pensar horizontal* con la premisa de lograr adentrarnos a un *pensar vertical* que nos conecte y unifique a todos con el Ser, con el Ser espiritual. Esta premisa parte de la sabiduría de que el ser humano vive en el olvido de su divinidad, y el ritual de asistir a la iglesia, culto, salón, mesquita, sinagoga busca conectar con el recuerdo de que somos un Ser Total. También cuando meditamos, cuando somos conscientes de nuestra respiración, practicamos yoga, tai chi o caminamos tranquilos por la orilla de la playa en total contemplación de la naturaleza estamos entrando en el estado del *pensar vertical*, en el cual la atención está en la acción total de los sentidos sumidos en la presencia del ahora, en la activación consciente del estar presente.

A diferencia, el *pensar horizontal* siempre está en un tiempo futuro y en un estado del ser que se posiciona en un "Yo seré" -en un momento futuro llegaré a ser alguien, o lograré mis sueños o la pasaré bien-. El empeño de este pensar está siempre basado en algo distante que llegará a ser algún día en un futuro cercano.

Es como si todos nuestros esfuerzos están enfocados en lograr rellenar un espacio vacío. Este tipo de pensamiento basado en lo material, en la planificación que separa, califica y aísla los sucesos y dicha fragmentación genera valores separatistas de "lo bueno y lo malo", "el éxito y el fracaso," en donde la persona asocia los significados y significantes de su vida con los patrones y estructuras creados por el mismo *pensar horizontal*, fundamentados en el hacer sacrificado del *Emocionar-sin-lupa* y su lucha porque algún día "yo seré" alguien. El *pensar horizontal* se relaciona directamente con el tiempo del hacer que está dentro del tiempo del reloj. El *pensar horizontal* es el que nos controla las rutinas y hábitos cotidianos, y a la vez establece el paradigma y el ajuste del lente de la mirada controlada por la "presión social" y el "status quo." Lo habitual en el *pensar horizontal* es acelerar, la prisa, el ¿yo seré? Siempre es un estado futuro del tiempo que no permite el juego espontáneo, en donde todo es estrategia, lucha, técnicas para lograr ganar algo que me ayudará a escalar poco a poco hacia la cima de mis sueños en algún futuro. El problema del *pensar horizontal* es que éste llega a controlar nuestros valores, ideas, pensamientos y nuestras vidas sin siquiera darnos cuenta, y muchas veces logra eliminar la existencia del *pensar vertical*.

Un ejemplo es esa tendencia de estar en una actividad con los amigos y, en lugar de gozar de la compañía presente que está aconteciendo frente a tus ojos, preferimos relacionarnos en conversaciones distantes a través de nuestros teléfonos celulares, el facebook, twitter y el Internet pensando que quizás otros la están pasando mejor de lo que yo la estoy pasando. Esta acción es parte del *pensar horizontal* y está relacionada con las prisas del "yo seré" feliz en algún momento distante, que te separa de la realidad inherente de lo que está aconteciendo, y el miedo-temor de descubrir que aquí y ahora la puedo estar pasando mejor que en ningún lugar, si me propongo derrumbar la máscara y comenzar a estar presente con el corazón. Otro ejemplo es cuando nuestro hijo o alguien conocido ha sido acosado por un bullying, la primera reacción puede ser violenta. La idea es de protección y la protección está basada en los miedos construidos socialmente. Este tipo de reacción es muy común y está basada en el plano del *pensar horizontal*, el de resolver inmediatamente el problema sin pensar adecuadamente en las raíces que han ido construyendo la problemática que se nos ha presentado. En el ámbito sociopolítico pasa lo mismo. Una situación conflictiva como la criminalidad se trata de resolver inmediata y superficialmente con mayor cantidad de seguridad policíaca o culpando a un partido político y utilizado dicha sombra como debilidad, culpa y estrategia de promoción de una nueva forma de gobernar que va a traer el cambio. El cambio está en nosotros los ciudadanos, en nuestra honesta mirada de proceso, y no en una supuesta plataforma de gobierno con ínfulas del gran doctor que todo lo cura. La acción de los ciudadanos tiene que partir desde la espiritualidad ciudadana que está fundamentada y potenciada por la Voluntad del Bien, que es toda acción que potencie el bien, la unidad, el amor, la alegría y la confianza.

En cambio, el *pensar vertical* es el que se relaciona directamente con el tiempo del Ser, con la pausa, con el aquí y ahora; y sobre todas las cosas está guiado por la unidad, por toda acción que unifique. Dicha verticalidad está bajo la conceptualización del tiempo del alma, que conecta al Ser con el mundo abstracto de nuevas formas e imágenes de la Totalidad. Desde el posicionamiento de este tiempo del Ser, ante el momento de compartir con los amigos dejamos todo; no hacen falta las distracciones de los celulares para estar presentes. Estamos de corazón en la magia de la verdadera conversación. En cambio, ante un momento de crisis podremos en pausa reconocer la zona de peligro en que está el acosado por un bully, para centrar nuestra atención en reconocer cuál es la oportunidad que se nos ha presentado en torno a nuestra relación como guía del acosado. Desde este ángulo quizás busquemos sentarnos y comunicarnos efectivamente, con atención de calidad, para entender al acosado, la clase de acoso y al acosador. En lugar de enfadarnos o reaccionar violentamente desde el miedo-ansiedad, vamos a buscar la posición donde reside la seguridad y la fuerza interna para enfrentarnos asertivamente al problema del bullying. Muchas veces descubrimos que no podemos llegar a ese lugar porque lo que hemos unificado es una red de valores implicados en el plano del *pensar horizontal* que nos paraliza, acosándonos con su miedo-temor. Y esto bien puede sucederle a todo aquel que quiera ayudar a una víctima del bullying. La reacción inmediata localizada en el *pensar horizontal* prevalecerá sobre el *pensar vertical*, y el *Emocionar-sin-lupa* será la respuesta. Mas si hacemos un alto para analizar con cuidado la situación, podremos utilizar las herramientas del *Emocionar-con-lupa* con sabiduría y acercarnos al Aprendiz de Torero que aspiramos ser.

En el *pensar vertical* se reconoce que no se necesita hacer nada para Ser. Ya "Yo Soy" desde antes de nacer y lo que hacemos durante la trayectoria de la vida es recordar las certezas de la fuente de energía vital del "Yo Soy." Yo Soy unificado al Todo. Este tiempo se rige por el tiempo del Ser que está en el ahora; en lo que acontece; sabe detenerse; contemplar; aceptar; es siempre presente; vive en el tiempo del "Yo Soy"; pausa; silencio; meditación; revisión; intuición; es tiempo circular; es descanso y acepta el juego espontáneo como parte esencial de la acción contemplativa, libre y gestora de las grandes ideas creativas. Durante este tiempo el padre, la madre: los encargados preguntan no solo por lo sucedido, sino tambien por los diferentes posibles aspectos que existen detrás del acontecimiento.

Un ejemplo más concreto sobre la pertinencia del *pensar horizontal* y vertical es la siguiente situación: Mi hijo tiene once años y ha llegado a una nueva escuela, y está pasando por un proceso de adaptación en todo el sentido de la palabra. De parte del niño y de los padres, de los estudiantes y maestros de la escuela para con el estudiante nuevo debería existir un proceso de adaptación e integración para asumir al estudiante como parte del grupo. La integración nunca sucede como por arte de magia, y menos aún la de los seres humanos que solemos ser muy exigentes, y sobre toda novedad hacemos demasiados juicios. Los cambios son grandes momentos de revisión y son la oportunidad para ajustar emociones que a la fecha no tenemos claras; crecer siempre duele. Al reconocer esta realidad reconozco que yo como padre y madre también estoy creciendo, y que me duele el hecho de que mi hijo tenga que enfrentar tal o cual problema, gente nueva, maestros nuevos, sistema de evaluación nuevo, plantel nuevo. En fin, toda novedad es motivo de susto, ansiedad y de precaución desde el ámbito del plano horizontal. Pero si me posiciono en una mirada consciente desde el *pensar vertical* del Ser, estaré preparando a mi hijo para que comprenda lo importante que son los cambios en la vida y cómo éstos nos persiguen constantemente hasta el último cambio terrenal que es la muerte misma.

El *pensar horizontal* se rige por el tiempo del reloj en donde no existe tiempo para detenerse a revisar las emociones, dado el caso que siempre hay prisa por algo futuro que hay que hacer o que está pendiente por hacer. Este tiempo convierte el "Hacer" en algo más importante que el *Emocionar-con-lupa*. Es por esto que el *pensar horizontal* pertenece y controla el estado del *Emocionar-sin-lupa* y no se detiene a mirar el proceso para adquirir un determinado aprendizaje de las propias experiencias vividas. Los sentimientos dolorosos son difíciles de enfrentar y hacemos lo posible para no experimentarlos. Nos mantenemos en el tiempo del hacer ocupados, acelerados para no tener que ver los sentimientos y así no lidiar con ellos, e imaginar que en algún momento cuando exista el tiempo entonces revisarlos. Para no tener que verlos encendemos el televisor; navegamos en la Internet; preparamos una comida; limpiamos el auto; salimos a comprar alguna cosa que creemos necesitar; hacemos cualquier cosa para no permitirnos tener que permanecer con el sentimiento que deseamos evitar.

El problema de esta conducta es que el sentimiento sigue estando presente, y este bloqueo auto-impuesto va a terminar resolviendo dicho problema o momento de crisis desde los parámetros del tiempo horizontal. Este tiempo todo lo resuelve encontrando un culpable. Bajo este precepto de culpabilizar a otro de lo que nos acontece, sucede que no podremos mirar nuestro proceso, porque "la culpa es la madre de no-mirarse." Con un culpable tenemos resuelto nuestro problema inmediato. Siempre es otro el causante de nuestras penas y sufrimientos, y desde este ángulo no podemos mirarnos y, menos aún, percibir nuestra verdadera esencia del Ser. Cuando resolvemos de esta manera, la tendencia es culpabilizar al niño bully de todo lo que le pasa a mi hijo y la norma será hablar con las autoridades de la escuela para lograr acabar con el problema del acoso. ¿Acabarán todos los acosos escolares hacia el niño-joven-adulto con esta reacción? Es importante establecer una mirada más profunda que le provea herramientas emocionales al niño-joven-adulto para que en un futuro pueda él resolver los diferentes acontecimientos de acosos dirigidos y controlados por la resignación complaciente de la estupidez socialmente aceptada dentro del sistema educativo y las demás organizaciones sociales y gubernamentales.

Es interesante que a este fenómeno de la estupidez complaciente de los prejuicios inmovilistas a los que continuamente se agarra la sociedad, la médico y educadora italiana María Montessori lo haya denominado, en 1949, en su libro la Formación del Hombre, dentro de una especie de siglas llamadas el OMBIUS. Según Montessori, el OMBIUS (humanidad en italiano es sin la letra H, umanita) es esa estructura aceptada socialmente como una *Organización* del *Mal* que toma la forma del *Bien* y que es *Impuesto* por el ambiente a la *Humanidad* entera en virtud de la *Sugestión*. Montessori se percata, mucho antes de que la televisión y la computadora hayan incursionado en las cotidianidades de los seres humanos, de cómo los paradigmas sociales, las etiquetas y los prejuicios son promovidos por las leyes de la sociedad, y cómo es que los seres humanos sin darse cuenta están totalmente sugestionados por la cotidianidad y por la vana ilusión de las presiones sociales, y terminan suprimiendo sus verdaderos potenciales y capacidades espirituales.

La Mirada de Proceso aplicada a nuestros "momentos de crisis" será la que nos ayudará a ajustar nuestro lente de mirar para pasar del *pensar horizontal*, que nos aprisiona en el OMBIUS, hacia el *pensar vertical* que es inclusivo, presente y se distancia del "Yo egoísta" individual hacia el "Yo universal"; ese que es consciente del prójimo y de que todos somos parte integral del universo.

Cuando la Mirada de Proceso (ver gráfica en página 120) va desde el plano horizontal (línea a) es una mirada muy cargada de ruidos, valores, exigencias, controles y acosos socioculturales que impiden avistar el plano *Vertical del Ser*. Es mucho más difícil comprender lo que está sucediendo en nuestro presente, en el aquí y ahora, cuando nuestras formas-pensamientos y contenidos están siempre dirigidos y acelerados en resolver en la inmediatez y con prisa algo que está localizado en un futuro distante. Si pudiéramos mirar cuáles son las posturas y ansiedades de nuestra mente descubririamos que no se puede detener, que está siempre formulando ideas, secuencias pasadas y futuras de acontecimientos y detallando sentimientos y reacciones a los mismos. Habrá que preguntarse: ¿Por qué siempre reacciono a todo lo que me sucede? ¿Por qué reacciono? Es por proteger una postura de poder y control; es por protección hacia algo que valoro; o es una simple reacción espontánea aprendida e influenciada por el ambiente de crianza de mis primeros años de infancia. En cambio, cuando nuestro proceder es desde el *pensar vertical* hacia el *pensar horizontal* (línea b) la compresión sobre nuestras circunstancias inmediatas es más amplia y certera gracias a la flexibilidad y la calma del propio *pensar vertical,* que está lleno de posibilidades porque se rige por la intuición y la confianza permitiendo la espontaneidad necesaria para avistar la oportunidad facilitada por la revisión consciente de la mirada hacia dentro del Ser, cumpliendo a su vez con las exigencias sociales demarcadas dentro del *pensar horizontal*.

La velocidad de la era tecnológica y social de la cotidianidad contemporánea en la que estamos inmersos ejerce un cierto giro en nuestra percepción. Si hacemos un esfuerzo podemos notar que a la hora de mirar las circunstancias hemos desarrollado un gran sentido de desconfianza, patrocinado por la compulsión obligatoria del tiempo del hacer y el *pensar horizontal*. En ese impulso que busca control sobre todas las cosas nos cansamos, nos agobiamos, nos estresamos, y en la pausa ejercida por un "momento de crisis" elevar la mirada hacia el cielo podría convertirse en una salida distinta, y así algo diferente del signo de la impotencia, la ansiedad, la prisa y la desesperación del *pensar horizontal*. Si verdaderamente queremos revisar nuestras prácticas cotidianas, tendremos que ir poco a poco construyendo herramientas para cambiar nuestros puntos de referencia, desplazar nuestros límites de "al frente" del plano lineal "Yo seré," del *pensar horizontal*, hacia "arriba" a una mirada que procede desde el plano del *Tiempo del Ser,* del *pensar vertical*, "Yo Soy." Un tiempo que asumiría la realidad desde la integralidad cósmica y vertical en que se postra el Ser.

Una mujer estaba agonizando. De pronto, tuvo la sensación de que era llevada al cielo y presentada ante el Tribunal.

¿Quién eres?, dijo una Voz.

-Soy la mujer del alcalde, respondió ella.

Te he preguntado quién eres, no con quien estás casada.

-Soy la madre de cuatro hijos.

Te he preguntado quién eres, no cuántos hijos tienes.

-Soy una maestra de escuela.

Te he preguntado quien eres, no cuál es tu profesión.

Y así sucesivamente respondiera lo que respondiera, no parecía poder dar una respuesta satisfactoria a la pregunta ¿Quién eres?

-Soy cristiana

Te he preguntado quién eres, no cuál es tu religión.

-Soy una persona que iba todos los días a la iglesia y ayudaba a los pobres y necesitados.

Te he preguntado quién eres, no lo que hacías.

Evidentemente, no consiguió pasar el examen porque fue enviada de nuevo a la tierra. Cuando se recuperó de su enfermedad, tomó la determinación de averiguar quién era. Y todo fue diferente. .X.

(Cuando reconocemos nuestra adicción y apego hacia el *pensar horizontal*, se inicia el camino que nos adentrará al *pensar vertical*. Ese que en la pausa puede sentir certeramente la presencia de Ser uno en Todo. AMR)

Tabla
Construcción de la cruz de nuestro pensar

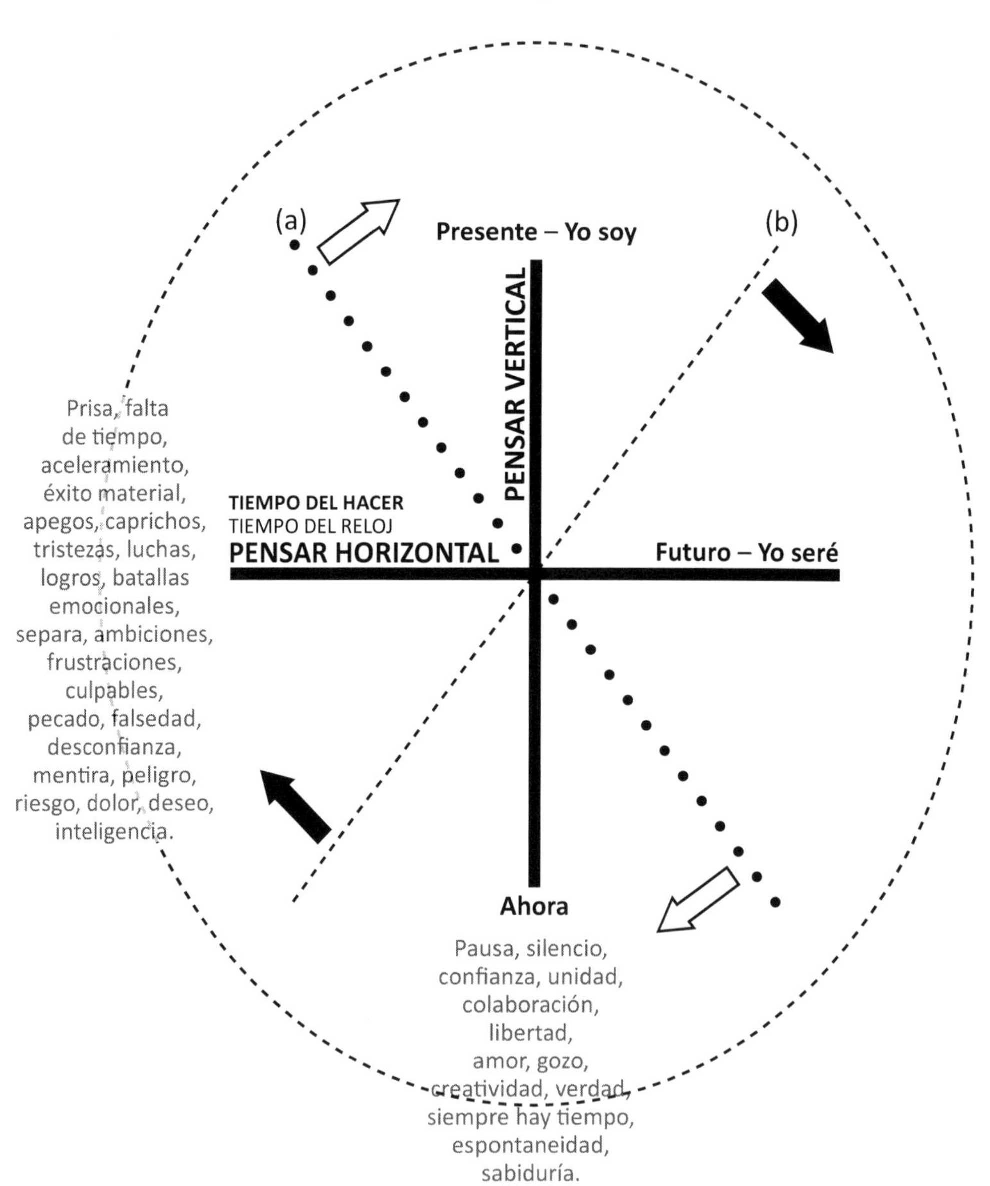

PENSAR HORIZONTAL

- Yo seré
- Tiempo de hacer
- Es siempre futuro
- Mente individual (ego)
- Acelerar
- Regido por la prisa
- Valora el hacer
- No permite el juego espontáneo
- Mucho ruido
- Estrategia
- Se imponen reglas y énfasis en el producto
- Enseñanza tradicional
- Técnicas para lograr ganar
- Control
- Separa
- Dirige
- Sacrificio
- Planificador racional
- Es lineal
- Emocionar-Sin-Lupa
- Emoción predominante es la ansiedad
- Debate
- Interroga
- Mirada hacia el exterior
- Culpabiliza
- Locura
- La mentira
- Trabaja para la máscara de la personalidad
- Violencia
- Acoso
- Peligro
- Terquedad y necedad
- Ahorrativo
- Le falta aire
- Ira y odio
- Miedo-temor
- Confusión y caos
- Felicidad y tristeza
- Enfermedad y accidentes
- Pregunta por qué

PENSAR VERTICAL

- Yo Soy
- Tiempo de Ser
- Es siempre presente
- Mente colectiva (espíritu)
- Pausa
- Regido por la calma
- Valora el Ser
- Permite la espontaneidad
- Silencio
- Meditación, contemplación
- Se facilita la revisión y énfasis en el proceso
- Enseñanza constructivista
- Técnicas para aceptar y transformar
- Creatividad
- Unifica
- Facilita y guía
- Abundancia
- Planificador intuitivo
- Es circular y sincrónico
- Emocionar-Con-Lupa
- Emoción predominante es el gozo
- Diálogo
- Aclara, esclarece
- Mirada hacia adentro
- Acepta y aprende de sus errores
- Cordura
- La verdad
- Trabaja para la integridad de su Ser
- Paz
- Amistad
- Oportunidad
- Nobleza y bondad
- Caritativo
- Es consciente de su respiración y la ejercita
- Perdón y compasión
- Amor-confianza
- Iluminación
- Alegría y gozo
- Salud y estado consciente del entorno
- Pregunta para qué

El maestro Nasrudín y su hijo emprendieron un viaje. El maestro prefirió que su hijo viajara montado en el burro y él ir caminando. Cuando cruzaron el primer pueblito la gente empezó a decir:

—¡Miren a ese niño joven y fuerte! Así es la juventud de hoy en día. No tiene respeto por los mayores. ¡Él va montado sobre el burro y hace caminar a su pobre padre!

Cuando esas personas quedaron atrás, el niño se sintió muy avergonzado e insistió en caminar y que su padre fuera montado sobre el burro. Poco más tarde, se cruzaron con otras personas que dijeron:

—¡Miren eso! Ese pobre niño tiene que caminar mientras que su padre monta sobre el burro. Cuando hubieron pasado a esas personas, Nasrudín dijo a su hijo:

—Creo que lo mejor será que los dos caminemos. Así nadie se quejará. Continuaron su viaje, ambos caminando. Poco más tarde, se encontraron con otros, que dijeron:

—¡Miren a esos tontos! ¡Ambos caminan bajo este sol ardiente y ninguno de ellos monta sobre el burro! Ante esto, Nasrudín se volvió hacia su hijo y dijo:

—Querido hijo, en la vida haz lo que sientas en tu corazón, más allá del juicio de los demás, más allá de los detractores. Cada uno verá lo que quiere, tú ve dónde te lleva el corazón. Elige libremente tu camino.

(No importa lo que piense la gente, lo importante es lo que te dicta el corazón. AMR)

Ochi

Ochi

NUESTRA OBSESIÓN POR EL JUICIO Y LAS ETIQUETAS

Cuando apuntas con un dedo,
recuerda que los otros tres dedos te señalan a ti.
Proverbio Inglés

El peligro del juicio y las etiquetas para definir a los seres humanos.

La obsesión del *pensar horizontal* se rige por el tiempo del hacer, por la prisa y la velocidad asumida como prioridad porque no tenemos tiempo para nada, y siempre con la esperanza puesta en que quizás algún día en el futuro logremos nuestra meta para finalmente estar en paz. En el *plano horizontal* los problemas grandes y pequeños, triviales y dramáticos, nos siguen paso a paso a lo largo de cada hora y cada día, incrementándose a lo largo de la vida. En el *pensar horizontal* la mente vive sin descanso enfocada en los juicios y en el cuantioso depósito de las ideas, los recuerdos y la voluntad ininterrumpida puesta en la satisfacción de los deseos, metas, y las menudencias de las realizaciones prácticas de nuestra cotidianidad.

En ese proceso cotidiano todo se ordena en la forma que nos es conocida, que nos resulta natural, pero que en esencia es antinatural. Por ejemplo, nos adiestramos para acumular conocimientos, de astucia, de audacia y corremos detrás de nuestra aventura de conquistas y en el juego de esta partida de ilusiones, de éxitos y fracasos, desarrollamos la espada justiciera del juicio y las etiquetas sociales. El juicio sagaz y las etiquetas sociales son utilizados en el *pensar horizontal* para escrutar el terreno de las relaciones humanas con el propósito de crear una fuente de recursos y de oportunidades para la conquista de nuestra meta soñada. El problema reside cuando la búsqueda de la ganancia se convierte en el objeto de vivir, y la lucha para esa conquista aparece como algo normal en el ser humano, cada vez más acentuada y despiadada. Buscamos ganar por la mera obsesión de ganar e ir llenando el cofre de nuestro ego. La cotidianidad hace que el ser humano se convenza de cualquier trivialidad. Si revisamos la sabiduría de los textos sagrados de todas las religiones, dice de una forma u otra en ellos claramente: "¿De qué te valdrá ganar el mundo, si vas a perder el alma?"

Las etiquetas han logrado su cometido en cuanto al mercado, pero en cuanto al ser humano, al desarrollo de la personalidad y la salud integral, han funcionado como una máscara social que no logra establecer el detalle y la sustancia real de un proceso determinado. Sólo nos sugiere un nivel, un valor, un juicio para calificar al otro. Calificar las cosas de bien, mal, alegre, triste, éxito, fracaso, pobre, rico, inteligente o bruto son una manera tan limitante de ver las cosas como decir: depresivo, diabético, déficit de atención, hiperactivo, acosador-*bullying* o, incluso, autista, inválido.

El acto tan natural de calificar todas las cosas impone unas expectativas que son con frecuencia tan dominantes que ya no podemos ver las cosas tal y como son en realidad. Esta imposición de la fuerza determinante de lo calificado a través de las expectativas generadas por la demanda social de la etiqueta, nos hace pensar que ya conocemos cosas que en realidad son nuevas y desconocidas para nosotros. Este acto de aceptar la cotidianidad es sumamente peligroso para el desarrollo del pensamiento crítico, y para el desarrollo de una mirada integral al proceso y de aquello que se esconde detrás de la máscara de lo etiquetado. Esta aceptación de algo desconocido, pero ya calificado socialmente nos ata a la energía del poder de lo calificado por la etiqueta y nos desprende del proceso natural de búsqueda exhaustiva y creativa de las cosas. Al aceptar la etiqueta nos distanciamos; muchas veces por vagancia y otras por lograr tener una justificación válida que explique nuestro sufrimiento. Esta forma de aceptación del problema resuelve de forma inmediata al no tener que indagar en una búsqueda integral de una *mirada de proceso* en el ámbito del *Emocionar-con-lupa*. De esta misma forma tan cotidiana terminamos aceptando creer que conocemos a nuestro hijo, y así no le damos la oportunidad de crecimiento a niveles imposibles para nosotros, pero viables dentro de las potencialidades reales de nuestros hijos y de los niños-jóvenes-adultos.

Si asumimos el diagnóstico y la etiqueta como una verdad, nos estamos relacionando directamente con las expectativas demandantes de la máscara que está directamente relacionada con el *pensar horizontal* demarcado por el *tiempo del hacer*. Ante la frecuencia tan dominante de las expectativas, nos relacionamos más directamente con las expectativas sobre la vida y no con la vida misma, con la esencia del Ser. Nuestra mente se nubla al identificarse con todo aquello que acumula, sin tiempo de calidad para la mirada de proceso. Y si eso que ha atesorado en los archivos se carga de energía del *Emocionar-sin-lupa*, que es caprichoso ante los deseos y siempre encuentra culpables, es imposible ya penetrar en la densa rigidez de los prejuicios. Son muy conocidas las historias de los efectos en el paciente y sus familiares de la forma en que el médico describe por primera vez el diagnóstico al paciente. Incluso hay estudios que hablan de cómo la forma en que el médico maneja la mala noticia incide en el paciente. La forma en que se dan las malas noticias influye significativamente en la percepción que tiene el paciente de su enfermedad o del estudiante con sus potencialidades ocultas.

Algunos autores han demostrado que los pacientes muestran más sentimientos de angustia ante los médicos que les dieron las malas noticias de forma, a su entender, inapropiada. También existen análisis cualitativos de cómo los familiares del paciente entienden que el paciente se afectó emocionalmente después de conocer el diagnóstico, y cómo la manera en que el médico le informó el diagnóstico influyó directamente y le quitó toda esperanza de vida, y se deprimió de tal forma que se acostó a esperar la muerte. Por alguna razón Hipócrates en su tratado a los médicos aconsejaba: "ocultar al paciente lo que puedas cuando le atiendas..., darle las órdenes necesarias con alegría y serenidad..., no revelarle al paciente nada relativo al estado presente o futuro de su enfermedad... pues muchos pacientes, al saber lo que les va a suceder, han pasado a estar peor." De igual manera, se aplican estos preceptos de diagnóstico médico a la forma en que la educación y nuestras formas tradicionales de enseñar etiquetan el conocimiento de nuestros hijos. Y peor aún, como nosotros los padres, acosamos con nuestra autoridad para ejercer la presión necesaria sobre el aprendizaje etiquetado socialmente como bueno, que por cotidiano creemos fielmente que nuestros hijos necesitan.

ASUMIMOS LA ETIQUETA PARA TENER CONTROL

Igual que un diagnóstico, una etiqueta es un intento por obtener el control de una situación y lograr de forma artificial y material controlar la incertidumbre. El plano del *pensar horizontal* es regido por la idea de que el control facilitará la obtención de nuestra meta, que en esencia puede ser un capricho del *Emocionar-sin-lupa*. La ansiedad-miedo de la inseguridad nos obliga a buscar seguridad y control en patrones de una estructura compulsivamente organizada por el *pensar horizontal,* y es por esto que constantemente estamos haciendo juicios que provienen de nuestro condicionamiento. El mecanismo que formula dichos juicios ha sido condicionado por la cotidianidad constituida por el entorno social en que fuimos criados, la educación y las experiencias con que fuimos llenando el recinto psicológico que gobierna nuestra personalidad. Esta supuesta seguridad de la etiqueta nos puede permitir refugiarnos en la seguridad de un concepto mental definido y ofrecernos un sentido de comodidad; un apoyo para no pensar más en el asunto o aceptar la realidad según las expectativas de los expertos o aquella socialmente construidas por los que se encargaron de construir nuestra crianza, cultura, tradiciones y nuestra nación.

Es así que las etiquetas y los diagnósticos funcionan como un bastón explicativo donde podemos apoyarnos y justificar racionalmente nuestro sufrimiento. Pero la vida nunca llega a un punto definitivo; la vida es proceso, incluso misterio. Si la vida es un continuo proceso en tránsito y en construcción, sólo aquel que encuentra la manera de sentirse con cierta comodidad, y en aceptación total con *el cambio y lo desconocido,* conocerá los misterios y las sabias enseñanzas de los procesos de su vida. Como dicen los grandes maestros, dada la naturaleza de la vida no hay seguridad, sólo aventura. Según Lao Tzu, "Un ser integral sabe a dónde ir sin ver, ve sin tener que mirar y realiza cualquier cosa sin hacer nada." Esta forma de ser integral va más allá de identificarse con los procesos del ser físico, emocional o mental. Lao Tzu nos regala una mirada de reflexión que invita a distanciarnos del ser emanado de la mente que está constituido por pensamientos y emociones que forman una identidad precaria, dado que dichas emociones y pensamientos son por naturaleza efímeros y pasajeros.

¿Cómo entonces nos liberamos de las etiquetas y de la sobre diagnosticación occidental de la educación y la salud? El valor de calificar y darle nombre a las cosas es un proceso valiosísimo para el desarrollo del lenguaje, la comunicación, la inteligencia, la conciencia humana y para el desarrollo científico, tecnológico y sociocultural del ser humano. El detalle de la peligrosidad de la etiqueta reside no en lo calificado, sino en la tendencia de aceptar lo calificado desde la cotidianidad de la máscara que socialmente desarrolla cada etiqueta.

Las expectativas que demandan las etiquetas o el diagnóstico desvían el enfoque de la persona, nublando el entendimiento ya cautivo por las exigencias materiales de lo etiquetado. Esta desviación del enfoque hace que vayamos perdiendo conciencia de la raíz histórica de la construcción paulatina del concepto y que deshonremos el desarrollo del proceso del concepto. Por ejemplo, cuando escuchamos la palabra "mesa" rápidamente se dibuja una impresión de lo que es la experiencia vivencial nuestra con una mesa, pero en ningún momento observamos lo que existe detrás de la palabra mesa. ¿Cómo fue que surgió la mesa antes de que el concepto fuera creado? ¿Quién fue el primer ser que necesitó eso que nosotros nombramos cotidianamente con la palabra mesa? ¿Cuál habrá sido la necesidad básica que hizo que dicho concepto emergiera y se materializara de una idea a algo concreto? ¿Cómo fue que surgió el concepto *bullying*? Fue el suceso de violencia ocurrido en Estados Unidos en 1999 en la Escuela Secundaria de Columbine (*Columbine High School*) en Denver, Colorado, lo que detonó el inicio de la construcción y la propagación emergente del concepto *bullying.* Podríamos aseverar desde el enfoque comprometido de la mirada de proceso, que experimentamos las catástrofes y los errores acosantes del *bullying* debido a esa falta de compromiso para desarrollar individual y socialmente una mirada consciente de la vida cotidiana. Haciendo dicha mirada consciente de la trayectoria histórica, podemos identificar en el tiempo que la sociedad occidental está enraizada e inmersa en un juego entre los valores participativos de unidad y antivalores violentos de acoso institucional. Estos separan y van construyendo a través del tiempo una "*Cultura Bullying*" como resultado de un error social de ignorancia constituido por una valoración equivocada de nuestras acciones, regidas por antivalores impulsados por una sociedad "supuestamente democrática" que promueve en la invisivilidad cotidiana valores como la envidia, la ira, el discrimen, el odio, el egoísmo y toda acción que divide y separa al ser humano de la vida social.

Es esa mirada de proceso creativo lo que perdemos cuando aceptamos el juicio y las etiquetas como algo cotidiano. Como bien establecieron los sociólogos Peter Berger y Thomas Luckman, "El mundo de la vida cotidiana se impone por sí solo y cuando quiero desafiar esa imposición debo de hacer un esfuerzo deliberado y nada fácil." Es por esto que estas herramientas de la *mirada de proceso del Emocionar-con-lupa* buscan erradicar la práctica del juicio inconsciente y la obsesión a la crítica controlada y aceptada por la cotidianidad social. Esta práctica de hacer juicios y buscar una etiqueta para todo está basada directamente en la inseguridad propia y limita la capacidad de una percepción unitaria de la vida. Nos limita de poder desarrollar la verdadera *Mirada de Proceso con un emocionar-con-lupa* que busca unificar en lugar de separar. Busca el mejoramiento, busca formas y caminos alternos para que nuestra vida sea más eficiente, alegre, juguetona, espontánea, total y bella. Esta *mirada de proceso desde el tiempo del Ser* está cargada con la esencia del amor porque examina todas las opciones disponibles para traer siempre un desarrollo o crecimiento en la vida que unifique en lugar de separar. Este tipo de discernimiento es un acto de decencia, de integralidad, no un acto de juicio. Únicamente el retorno al corazón traerá la dirección del verdadero crecimiento, el pasar de un estado de ser a otro. El pasar del *pensar horizontal*, regido por la obsesión por el hacer, la ansiedad del "yo seré" y la prisa para adentrarnos a las experiencias desde el centro del *pensar vertical,* que es el *tiempo del ser*, el temple del "yo soy", pausa, calma, escucha, comprensión y amor.

En realidad nadie puede avanzar de un estado de ser a otro, si los cimientos donde está parado no son sacudidos y destruidos. Necesitamos una crisis para avanzar como es debido. Debemos tener experiencias insatisfactorias en el plano de la personalidad antes de empezar a buscar el gozo y la belleza de la comprensión del Ser que otorga el plano del *pensar vertical*. En el *tiempo del Ser* no hay porque buscar la felicidad; lo que necesitamos es estar alegres en la calma del momento presente, aquí y ahora. Es en esta etapa del *pensar vertical* en que la alegría se pone en marcha. Cuando buscamos la felicidad estamos sujetos al temor de perderla y dicho temor generará juicios defensivos que activarán la ira, el odio, el sufrimiento y la codicia. En cambio, cuando nos proponemos estar en la energía de la alegría nos hallamos en el campo de una conciencia nueva, cuyas principales características son: Unidad, Amor, Alegría y Confianza. El accionar de estas características nos adentrará al servicio, la creatividad y a una mirada del Ser integral que goza de la sabiduría eterna de ser inmortal. La inmortalidad no puede ser enseñada, sino que debe ser experimentada. *La mirada de proceso* es la que nos ayudará a ser conscientes de cómo las crisis nos van esculpiendo para despojarnos de las ataduras de la personalidad que nublan el camino para así lograr la realización espiritual del Ser.

Ochi

Un hombre se presentó ante Buda con una ofrenda de flores en las manos. Buda lo miró y dijo: <¡Suéltalo!>

El hombre no podía creer que se le ordenara dejar caer las flores al suelo. Pero entonces se le ocurrió que probablemente se le estaba insinuando que soltara las flores que llevaba en su mano izquierda porque ofrecer algo con la mano izquierda se consideraba de mala suerte y como una descortesía. De modo que soltó las flores que sostenía en su mano izquierda.

Pero Buda volvió a decir: <¡Suéltalo!>

Esta vez dejó caer todas las flores y se quedó con las manos vacías delante de Buda que, sonriendo, repitió: < ¡Suéltalo!>

Totalmente confuso, el hombre preguntó: < ¿Qué se supone que debo soltar?>

<No las flores, hijo, sino al que las traía>, respondió Buda. **.X.**

(La mirada de proceso nos ayuda a ir soltando ideas y valores que nos esclavizan a patrones de apegos que generan la gran parte de nuestros sufrimientos. Eliminando las cristalizaciones, los empañamientos mentales, es que nace una nueva conciencia. AMR)

Ochi

¿POR QUÉ Y PARA QUÉ?

Además de enseñar, enseña a dudar de lo que has enseñado.
Ortega y Gasset

En todo momento de crisis las preguntas son esenciales y ellas llegan a nosotros sin ser invitadas. Las preguntas nos acercan o nos distancian del *pensar horizontal*-tiempo del hacer y el *pensar vertical* que es el *tiempo del ser*. Por ejemplo, el *por qué* sucedió una situación caótica es una pregunta que suele ser contestada desde el recinto del *pensar horizontal*. Esta pregunta podría estar también en el recinto del *pensar vertical* que reside en el *tiempo del Ser*, pero el problema fundamental no es lo que preguntamos, sino lograr determinar cuál es el plano del tiempo en el que estamos postrados al hacer la pregunta. Si estamos siempre en lo que queremos hacer, en lo que vamos a hacer algún día, cuando sintamos que estamos bien preparados para lograr hacerlo bien, entonces estamos en el plano del *pensar horizontal*. Si creemos que no poseemos el tiempo suficiente para lograr todo lo que queremos hacer, si el tiempo falta y estamos ansiosos pensando cómo lograr hacer todas las tareas, cómo resolver los problemas, cómo terminar el día, y cuando termina el día nos sentimos exhaustos y cansados, continuamos en el plano horizontal.

Desde el plano horizontal los porqués están siempre relacionados con el "yo egoísta." ¿Por qué esto me está sucediendo a mí? ¿Por qué es que no puedo lograrlo? En el fondo de todo *por qué,* asumido desde el plano del *pensar horizontal* lo que encontrarás es un capricho, un deseo para satisfacer una necesidad. La mayoría de las necesidades del tiempo horizontal han sido socialmente construidas y pertenecen al mundo material, y su sustancia elemental es pesada; es carga de ideales que no son parte esencial de nuestro Ser integral. Son parte del recogido que hemos asumido de ideales y valores construidos socialmente durante la trayectoria de nuestro desarrollo. Normalmente somos criados bajo los reglamentos y leyes que pertenecen al plano horizontal.

En cambio, al preguntar *para qué*, esta forma de formular la interrogante nos acercará al plano del *pensar vertical* del tiempo de Ser. El *para qué* te distancia poco a poco de los caprichos y necesidades socialmente construidas y pasas a descubrir la esencia de lo que está aconteciendo en el aquí y ahora desde la misma fibra de tu Ser. No es lo mismo preguntarnos *¿por qué* me caí y me rompí el tobillo? que preguntarnos *¿para qué* fue que me caí y me rompí el tobillo? El hecho de imaginar la posibilidad de preguntarnos *¿para qué* sucedió el accidente?, que generó que ahora tenga un yeso en la pierna y se hayan paralizado momentáneamente casi todas mis tareas habituales, genera una triste y gran molestia.

El *para qué* nos ayuda a conectar con ese lugar que se distancia del futuro, de lo que se suponía que debería estar haciendo para darnos cuenta en el mismo presente, ahora mismo, de que nos caímos para detenernos y poder entrar de lleno en nuestro presente. Ese momento de crisis nos ayuda y obliga a distanciarnos del plano del *pensar horizontal,* en el cual el hacer es prioridad, para entonces adentrarnos a una mirada más pausada, más reflexiva con tu Ser, abriendo la puerta de acceso al puente que te cruza hacia la Mirada de proceso desde el Emocionar-con-lupa.

¿Por qué mi hijo/a murió de cáncer?
vs
¿Para qué mi hijo/a murió de cáncer?

La contestación a estas dos preguntas nos acercarán a diferentes posturas reflexivas. La primera nos conecta con el tiempo horizontal, el tiempo del reloj, -si era tan joven como me la pudieron llevar-. El por qué nos conecta con la culpa, el enojo, lo que faltó para que no sucediera, qué fue lo que no hice, las diferencias, el sufrimiento y el rencor. El *por qué* siempre parte de la premisa del esfuerzo de todo aquello que he sacrificado en mi vida, de todo lo que me falta por hacer, de los logros y de los fracasos. En cambio, el *para qué* nos conecta con la verdad que se esconde detrás de la máscara de todo por qué. El *para qué* llega después de la angustia acumulada y el cansancio de querer comprender el "momento de crisis" desde los *porqués* y el *pensar horizontal*. Después de luchar con las contestaciones a los *porqués*, y por qué acosan a mi hijo y no a otros estudiantes, entonces nacerá la nueva mirada de proceso en el instante en que nos preguntemos: ¿*Para qué* es que estoy viviendo esta situación tan angustiante en donde acosan al ser que más amo?

Quizás la contestación del *para qué* acosan a mi hijo/a sea: para curar las heridas de mi niño herido; para poner mayor atención sustancial y efectiva a mi hijo; para desarrollar una nueva forma de compartir con mi hijo; para mirar mi proceso y compartir experiencias y destrezas emocionales que aún no he podido compartir con mi hijo; para descubrir quién es verdaderamente mi hijo. El *para qué* siempre nos conectará fuera del ámbito del *pensar horizontal* del hacer en el tiempo del reloj. Puesto que para lograr contestar los *para qué* tenemos que generar una pausa para ajustar el lente hacia una nueva mirada de los procesos desde la esencia misma del Ser.

¿Cómo lograr salir del *pensar horizontal* y el tiempo del hacer?

Todo en la vida es un proceso, un acontecer. Para lograr salir del plano horizontal tenemos que buscar cómo lograr detenernos en la pausa de nuestras vidas para mirar nuestra cotidianidad. Si por casualidad no logramos la pausa o el detenernos, necesitamos observar si los "momentos de crisis" se han convertido en habituales en nuestra vida. Dado el caso que todo "momento de crisis" es una pausa, el detenerse es obligatorio. Si deseamos salir del *pensar horizontal,* hay que ser conscientes de que estas pausas quieren decirnos algo. Lo importante es adquirir mayor conocimiento del funcionamiento intrínseco de lo habitual y cotidiano. La cotidianidad es un peligro porque solemos aceptarla como algo normal y dejamos de pensar en las consecuencias que implica en nuestro desarrollo físico, emocional, mental y espiritual. Tenemos que aprender a mirar el proceso de nuestras cotidianidades. Por ejemplo, cotidianidades tales como: tener un televisor en cada habitación del hogar; tener una computadora y un celular con acceso a Internet como algo habitual y verdaderamente necesario. También, ya se ha convertido en habitual la violencia de los primeros diez minutos del noticiario, como lo es desconfiar del prójimo. De igual forma quedarnos en nuestros hogares y salir sólo cuando sea meritorio. Como también, aceptar la corrupción y la violencia política como algo intrínseco al gobierno. En última instancia, y bien pegadito a nuestra piel, sabemos que cada uno de nosotros somos los que aceptamos a diferentes niveles que las cosas y situaciones estén como están. No podemos huir del aspecto trágico de nosotros mismos, solamente podemos vencerlo mirándolo de frente e incorporándolo al conocimiento de nuestro ser integral. Es desde la mirada de proceso, desde la pausa que lograremos ser conscientes al desacelerar, dejando a un lado los ruidos y dramas de nuestra mente para examinar nuestro corazón desde la integralidad superior del Ser y ver las cosas tal como son.

El *pensar horizontal,* ubicado en el *tiempo del hacer* más que una forma de pensar es también parte fundamental de la filosofía occidental ubicada siempre en el futuro. Hoy en día inventamos juegos y programas computadorizados que desarrollan la agilidad y la capacidad de ser más veloces; muchas veces convencidos de que cuanta mayor velocidad apliquen a su desempeño, mejor preparados estarán nuestros hijos para el futuro. ¿Será que la rapidez en hacer una tarea o la agilidad de jugar un juego presagia el éxito de nuestros hijos? ¿Se volverá esta generación adicta a la velocidad?... a la velocidad de cuán rápido contestan los mensajes de facebook y a la vez todos los mensajes de texto, como cumplir con todas la exigencias de la maniática velocidad de nuestros acelerados ritmos habituales de vida que impactan imprimiéndose en el sutil cuerpo de sus emociones.

La cruz que todos cargamos, marcados por la división paradigmática entre el *tiempo del hacer* y el *tiempo del Ser*, se encargará de buscar las formas sutiles de crear un balance entre ambos tiempos para llevarnos al estado del Ser conscientes de nuestra propia Cruz. Al lograr *re-cono-cer*, *re*-visando los *cono*-cimientos del *Ser*, vamos a descubrir que el pilar vertical es lo que sostiene el plano del *pensar horizontal*. Es dicho centro y tronco del pilar firme del fundamento raíz del plano del *pensar vertical,* ubicado en el *tiempo del Ser*, el que honestamente asume la mirada reflexiva de proceso de todo el ansioso tren de nuestros pensamientos horizontales. El *pensar vertical* es la pausa certera del pilar central, que en el árbol de la vida de los antiguos es conocido como el espíritu santo. Este es un proceso de contrabalanceo entre la sabiduría y el entendimiento. La sabiduría nos sugiere la idea del conocimiento acumulado de infinitas series de imágenes recogidas por nuestra memoria colectiva, y que reconoce las leyes firmes vigentes en todo lo que acontece, y es por eso capaz de crear formas de Ser y estados duraderos. Pero el entendimiento nos sugiere la idea de penetrar en su significado, de poder percibir su esencia y su interrelación con el Todo, lo que no está necesariamente implícito en la sabiduría vista desde el conocimiento intelectual. La sabiduría es la información plena, divina, sin filtros sociales; es cascada súbita de todo lo que acontece sin juicios y pensamientos. Cuando la sabiduría es filtrada y percolada a través de la realidad práctica y social del momento, se sintetiza desde el entendimiento humano y se convierte en inteligencia perdiendo su esencia sabia, y se transforma y se coloca al nivel del desarrollo actual de la inteligencia humana.

Lo ideal es que nosotros padres, madres, maestros constructores de nuestro hogar o aulas, no tratemos de ser tan inteligentes y seamos más sabios; conscientes mediante la reflexión, la pausa, la meditación y la mirada de proceso de toda la carga de nuestros pensamientos vistos momento a momento desde el mismo presente en que suceden, y así sabremos hacia qué paradigma del tiempo del pensar está nuestra balanza valorativa de emociones y acciones. Es en esta mirada de proceso que se afirma y puede verse la "falta de fundamento" y las nubes grises básicas incrustadas en el andamiaje de uno mismo. De esta manera podremos aclarar y remover el velo, pieza clave de la "mala información" sostenida en nuestras formas-pensamientos y pautas de conductas dirigidas por el plano del *pensar horizontal* ubicado en el hacer inconsciente del *Emocionar-sin-lupa*. La idea de ser un buen Torero de las emociones es desarrollar la destreza de mirarnos desde el *Emocionar-con-lupa* y pasar de un estado de ser a otro, del plano horizontal al plano vertical. Esto es el supuesto casi universal de conectar con la pausa que nos adentrar a la verdad fundamental de la esencia de nuestro Ser.

Este proceso desde épocas remotas en la antigüedad y actualmente, es visto como uno que conduce en la acción propia del gozo del estar presente y de la aceptación consciente de lo que acontece, hacia la comprensión súbita de la energía universal, la iluminación, al nirvana. Lo que las religiones llaman sentir el Sagrado Corazón de Jesús, escuchar a Yahweh, sentir a Allāh, y para los hindúes conectar con la esencia de Visnú, Krisná, Shivá en donde se produce, según la tradición habitual de cada cultura, la unión feliz con la totalidad.

Sucedió hace algún tiempo que un hombre fue a buscar al imán Nasrudín a la aldea que alguien le había indicado como residencia habitual del sabio. Una vez que hubo llegado al lugar, preguntó a uno de los vecinos a donde se tenía que dirigir para encontrarse con aquel de quien todos hablaban maravillas y no paraban. El hombre miró con estupor al forastero e, intuyendo que a quien buscaba era a su vecino, le mostró el camino adecuado advirtiéndole que se armara de paciencia porque el imán Nasrudín podía pasarse días junto al río meditando y en su ensimismamiento era probable que se hubiera olvidado regresar a casa. El forastero le dio las gracias, y acto seguido llegó hasta la vivienda que le habían indicado y golpeó fuertemente la aldaba. Cuál no fue su sorpresa cuando la puerta se abrió y ahí mismo estaba el mulá en persona impecablemente vestido.
–Quién eres y qué deseas forastero.
–Oh, gran sabio, he llegado de muy lejos para hacerle una pregunta muy importante para mí y para todo aquel que busca la iluminación.

Nasrudín contempló al hombre durante unos minutos, se frotó las manos, se quitó una mota imaginaria de polvo del turbante, se acarició la barba e hizo pasar al interior de la casa al forastero. Con gran ceremonia y pompa le invitó a que tomara asiento sobre unos cojines al tiempo que carraspeando le dijo:
–El secreto de la iluminación consiste en no equivocarse nunca.
–¡Ah! –Dijo el hombre– así que era eso y... ¿Cómo he de hacer para no equivocarme?
–Con la herramienta más importante que posee el ser humano: La experiencia.
–Y, ¿Cómo se obtiene dicha experiencia, amado maestro?
–Muy fácil: ¡Equivocándose!

(Para establecer un compromiso real con la mirada de proceso debemos atar un letrero a la entrada de nuestra vida que diga "Perdonen los inconvenientes, estamos construyendo." En toda construcción hay complicaciones, crisis y situaciones difíciles en las que podemos equivocarnos para descubrir la verdadera enseñanza e iluminarnos. AMR)

Qchi

El TIRANO GRAN MAESTRO Y SUS CINCO CONSEJEROS

Pensar es una actividad para establecer relaciones. Cuando usted piensa en alguien, su mente coge un hilo de energía y lo ata al objeto. De esta manera, al pensar en alguien, usted se ata a él. Puede pensar en alguien, aún en las estrellas, y usted se ata a ellas y el hilo que los ata se convierte en un hilo de transmisión de energía del objeto.

Torkom Saraydarian

La experiencia humana va regida de la mano con el pensamiento. Ese proceso de experimentar y vivir el gozo de nuestros sentidos siempre ha sido interrumpido por la percepción de eso que sentimos que es diferente a lo que creemos percibir. La percepción está regida por el juicio que es controlado por el pensamiento, que es siempre la acumulación de interpretaciones a acontecimientos experimentados en el pasado. Debido a esto aquello que realmente experimentamos deja de ser la experiencia misma para convertirse en la vana ilusión de interpretaciones guiadas por juicios de un pasado que no está fundamentado en la misma sustancia presente de la experiencia. La percepción está interrelacionada con el pensamiento y el sentimiento, por consiguiente, el pensamiento cotidiano aparece siempre saturado de percepciones y cargados de sentimientos. Debido a esta interrelación de saturación perceptiva, el pensamiento es nuestro aliado maestro y también nuestro gran enemigo. El pensamiento es el lado opuesto de los consejeros del ser humano.

El pensamiento es nuestro tirano, pero si deseamos acrecentar nuestra mirada el pensamiento puede transformarse en nuestro gran maestro. Este opuesto es la oscuridad que apaga el estado de alerta y activa la ansiedad; el ruido creado por el juicio incoherente y el falso ser, desconectándonos del vínculo receptivo para lograr escuchar a los consejeros naturales del cuerpo humano. Este opuesto o tirano es nuestro proceso de pensamientos habituales involuntarios, automáticos y repetitivos, guiados por la prisa-ansiedad del *pensar horizontal*.

El pensamiento actúa como una gran esponja que absorbe la mayor parte de la atención, de tal forma que uno deja de ver, sentir y oír a los demás efectivamente para sólo darle cabida a los susurros del torrente fluir de lo que estamos pensando. Cuando pensamos algo con anticipación, este algo es resultado de lo que imaginamos, que al mismo tiempo está regido sobre la base de pensamientos del pasado y de pensamientos acerca de acontecimientos futuros que aparecen en nuestras fantasías de lo que figuramos posible. Hay que reconocer que el pensamiento siempre es derivado de experiencias científicas o sociales de algún suceso pasado.

Los antiguos filósofos orientales reconocen la falsedad y el entretenimiento sagaz de los pensamientos como la falsa ilusión, y la enajenación como el dilema universal de la existencia humana. El pensamiento es el problema y la solución. Una cosa es el *pensar horizontal* y otra el *pensar vertical.* Aunque ambos sean opuestos son inseparables.

El pensamiento es imprescindible. Una mente que no sabe pensar es una mente que le falta algo, pero eso no quiere decir que todo lo relacionado con la mente se realiza a través del pensamiento. La comprensión súbita de las cosas llega a uno sin tocar a la puerta del pensamiento; es una conexión con la gracia, con estar agradecido por el simple hecho de existir. La gracia se relaciona con un sentido de conexión, apertura y bendición. Es una apertura y una conexión especial con lo que nos rodea. Son estas ocasiones de gracia las que nos distancian del *pensar horizontal* y nos conectan con el *pensar vertical*, con lo espiritual. La gracia es esa predisposición de nuestro espíritu a favor del amor, la belleza, la bondad y la unidad que bendice el fluir natural de las cosas para volver a descubrir que somos capaces de ser alegres en la inmensidad de la energía universal que recorre, arriba, abajo, a los lados y adentro todo nuestro Ser. La mirada de proceso facilita el ver y conocer nuestros pensamientos. Es un ejercicio que debemos ejercer a cada instante, detrás de cada una de nuestras acciones, en cada conversación interna con uno mismo, con un amigo, un familiar, con nuestro hijo, con un compañero de trabajo, etc. Esta mirada nos hará consciente de dónde estamos tirando el anzuelo de nuestros pensamientos, hacia dónde estamos atando nuestro pensar, reconociendo que todo objeto o persona que deseamos atar a nuestro pensamiento posee una energía de transmisión, buena o mala. Y, en última instancia, es uno quien decide dónde quiere atar los propios pensamientos.

Recuerdo estar hablando con un buen amigo, quien usualmente me visitaba para que lo escuchase. Y para escucharlo efectivamente dejaba de hacer lo mío para atentamente estar con él en cada detalle de la conversación porque la cosa más importante que nos damos los unos a los otros es nuestra atención especialmente si nos sale del corazón. Después de haberlo escuchado quise contarle algo realmente importante que me había sucedido y necesitaba su consejo. Comencé a contarle, y mientras le contaba lo observaba nítidamente a sus ojos como siempre he acostumbrado hacer, y para sorpresa mía pude observa que aunque mi amigo pretendía estar atento mirándome sus ojos no estaban en sí; estaba como ido en algún lugar de su cabeza y no estaba escuchándome. Cuando observé este detalle me enojé y, mirándolo fijamente a los ojos y con una errática salida del hilo conductor de lo que estaba conversando, le dije: Baja del árbol, baja del árbol amigo, por favor. ¿Dónde estás, porque aquí, no estás? –Él me miró sorprendido y riéndose me comentó: "Eres la primera persona que se da cuenta de algo que siempre he hecho desde pequeño. Siempre creí que esto era un don, el poder pensar y elaborar ideas sobre otras cosas que debo hacer mientras hago pensar a los demás que les estoy escuchando, perdóname amigo. Este comportamiento de mi amigo es valorado dentro del *pensar horizontal*, pero nos distancia de la integralidad de la situación que tenemos frente a nosotros, que pudiera ser el caso de nuestro hijo, esposo, padres o jefe.

Este ejemplo me sucedía constantemente cuando comencé a ejercitar conscientemente mi mirada de proceso en mi propia relación cotidiana con mi esposa y mis hijos. Uno literalmente tiene que hacer un gran esfuerzo y práctica para estar presente en lo que está aconteciendo frente a uno, y pasar de la atención de la película de los propios pensamientos a la verdadera escucha de lo que nuestros hijos, nuestra pareja o cualquier otra persona nos está comunicando. Ocasionalmente, lo que sucede en la mayoría de estos casos, es que nuestro ojo mental está encaramado en el árbol de otra película la del trabajo, la agenda, los proyectos futuros, los problemas económicos, por decir lo más común. Esta forma de relacionarse no es una escucha genuina, sino un acto habitual enmascarado de generosidad obligatoria para quedar bien con la otra persona. Es parte de la cotidiana mentira social, que complacientemente hemos aceptado y convertido en un disfraz funcional de atención hasta que el otro se entere y tenga la valentía y la honestidad de hacértelo saber. Esta forma de escucha irracional emerge como un acto subversivo. Un nuevo tipo de relación interna dirigida hacia mi propia película mental que en el tiempo del hacer puede ayudar a ganar tiempo para acelerar el logro de mis propios proyectos. En pocas palabras, no escuchamos a los demás porque somos egoístas. Nuestro viaje está en primera posición, y si logramos escuchar es sólo por la condición de querer ganar algo que potencie cada vez más el valor de nuestro propio viaje, de nuestro Ego.

El pensamiento es una herramienta muy útil cuando descubrimos que "yo no soy el pensamiento." Yo soy mucho más que mis pensamientos. Esta compresión actúa bajo *otra energía*, pero en el ámbito donde esto ocurre –que no es desde luego el plano del *pensar horizontal*– sino en el estado del Ser, del *pensar vertical* del pensamiento aquietado, la pausa, la síntesis, que está presente e integra la totalidad del proceso. Por ejemplo, imaginemos que queremos tomar control de nuestros pensamientos. La idea no es controlarlos, es saber que yo no soy mis pensamientos. Estos sólo son herramientas que me ayudan a mirar y descubrir infinidad de cosas en las que me puedo convertir. Utilicemos de forma práctica los pensamientos para llegar a la pausa y dejarlos sentados en algún rincón o depósito de nuestra mente. Para tener control de nuestros pensamientos y que ellos no tomen control sobre nosotros tenemos que imaginarnos que estamos solamente viendo una película, nuestra película mental de ese instante. La idea es que utilicemos el pensamiento a nuestro favor. Esto es revertir el formato de la compulsión desenfrenada de nuestro *pensar horizontal* hacia un pensar unitario regido por el tiempo del Ser.

Recordemos la sensación de cuando dimos nuestro primer beso. Durante ese tiempo el pensamiento y las emociones estaban bien reñidos. Muchas veces nos regimos sólo por lo que sentíamos, sin saber con claridad qué era aquello maravilloso que estábamos sintiendo. Por otro lado, se despertaba nuestro pensamiento social cotidiano, y la voz de la conciencia de nuestros padres que nos regañaba y nos hacía sentir que estábamos haciendo algo que no se debe hacer. Entonces surge en nosotros la experimentación dualista de la verdad de la experiencia del beso. Por un lado, fue algo bello y maravilloso y, por el otro surge la duda y la ansiedad de que dicha belleza se puede transformar en una tragedia si mi madre o padre se enteran. La experiencia misma, ese estar presente en el beso es maravilloso. Luego ese pensamiento de controles sociales fue lo que nos alejó de la experiencia para castigarnos, acosándonos ante la presión social de que algo está mal. La sorpresa es la congelación del estado presente que surge en el instante que reprimimos lo que estamos viviendo. Por ejemplo, cuando logramos dar el beso a esa persona que siempre hemos soñado y deseado pero en medio del beso, de sentir lengua con lengua, pensamos "me está besando no lo puedo creer;" en ese mismo instante dejaste de besarlo, de besarla, aunque estés besando. Ya no estás más en el beso, en el gozo de la maravillosa experiencia. Ahora has decidido atarte al juicio de tus inseguridades.

El pensamiento es una herramienta maravillosa que se utiliza para unas funciones específicas, y la prueba la tenemos a la vista en la extraordinaria conquista de nuestra ciencia. De igual forma, sabemos que somos los únicos animales con etiqueta racional, científica y religiosa de "ser humano" que nos separa del mote de animal. Sin embargo somos los únicos animales racionales que utilizamos la ciencia para matar a nuestra propia especie y creativamente nos inventamos todo tipo de justificación racional para aceptar socialmente dichas acciones violentas y seguir satisfechos complacientemente en el camino de nuestra cotidianidad.

El pensamiento desequilibrado ejerce ataduras en nuestro cuerpo emocional, mental y físico que pueden manifestar disfunciones tanto físicas como psicológicas. Por ejemplo, en el aspecto de la salud física una persona que tiende a emitir juicios constantes en función de lograr ejercer el poder, en contraposición a presentarse compasivo y cariñoso, puede sufrir de alteraciones en el metabolismo o en las hormonas, sufriendo diferentes síntomas y enfermedades. En el aspecto psicológico, depender del pensamiento racional del *pensar horizontal* y olvidar el valor de la intuición y de la compresión espiritual del *pensar vertical* puede llevar a la incapacidad de lograr expresar genuinamente los sentimientos y de no poder compartir nuestras emociones con los demás. Por otro lado, la persona creativa que anda con la "cabeza por las nubes" persiguiendo sus estados intuitivos, e ignorando la importancia de la razón y su aprendizaje, puede padecer de explosiones emocionales al ser incapaz de conectarse con los demás para recibir en el presente el amor ofrecido por los otros.

Trabajar con la mirada de proceso es un trabajo, y todo trabajo depende de un determinado enfoque, una misión y una actitud de compromiso para lograr nuestras metas en el tiempo que sea necesario. Es fundamental "mirar el proceso" para no enfermar, no accidentarnos, no hacerle daños a nuestros seres queridos por haber atado el concepto del amor en el lugar equivocado. La "mirada de proceso" es algo que sucede de forma natural, pero la mayoría de las veces no le ponemos la atención que se merece. Lo hacemos de forma inconsciente y hasta aprendemos de nuestras experiencias sin ser totalmente conscientes de cómo fue que surgió dicha forma nueva de ver la vida. El detalle es que saber es poder, y si somos conscientes de nuestro proceso vamos a poder salir de muchas ataduras que viven junto a nosotros escondidas detrás de las capas inconscientes de nuestra persona.

La pequeña Mary se hallaba en la playa con su madre. –Mami, ¿puedo jugar en la arena?

-No, mi vida. No quiero que te ensucies el vestido.-

-¿Puedo andar por el agua?

-No. Te mojarías y agarrarías un resfriado.-

-¿Puedo jugar con los otros niños?-

-No. Te perderías entre la gente.-

-Mami, cómprame un helado.-

No. Te hace daño a la garganta.-

La pequeña Mary se echó entonces a llorar.

Y la madre, volviéndose hacia una señora que se encontraba al lado, le dijo: ¡Por todos los santos! ¿Ha visto usted que niña tan neurótica? **.X.**

(El no mirar honestamente nuestro proceso hace que otros sufran por el necio empañamiento del terco lente de nuestra mirada. AMR)

ROTULANDO LOS PREJUICIOS

¿Cómo lograr pausar el pensamiento?

Una manera de desarrollar el músculo que nos ayudará a pausar el pensamiento es ponerle rótulos a las personalidades propias que viven haciendo juicio sobre cada circunstancia vivida por nosotros. Por ejemplo, cuando iniciemos conscientemente la utilización de la mirada de proceso en nuestra propia trayectoria, descubriremos las diferentes personalidades que rigen la máscara social de nuestra personalidad. Encontraremos al chismoso, al racional, al juicioso, al envidioso, al ansioso que no tiene tiempo, al neurótico, al acosador, al tímido, al humorista, al rígido, al consejero, al negativo, el aburrido, el desganado, el terco, el positivo, el aventurero para entonces saludarlos y observar verdaderamente lo que existe detrás de cada uno de ellos. ¿Cuál realmente es el propósito de la existencia de cada uno de estos personajes en nuestra vida? Esta rotulación generará poco a poco una mirada precisa de la cantidad de basura que existe en nuestra mente. Al señalar y rotular las secuencias de nuestras formas-pensamientos lograremos con el tiempo abrirle espacio a nuestro ser para vernos desde una nueva dimensión, fuera de juicios involuntarios para entonces ver al Ser consciente que reconoce el proceder de la máscara. Es aquí que existe la dualidad inherente del pensamiento; el pensamiento como el tirano que nubla nuestra percepción y nos acerca a la "zona de peligro," y el pensamiento modificado que abre espacio a la "oportunidad" para una forma más íntegra del Ser.

Para propósitos de distanciarnos del pensamiento, pensemos que el celular es sinónimo de pensamiento, con el motivo práctico de lograr separarnos del objeto. Ambos nos ayudan a guardar información, recibir y generar información. Ambos son adictivos en el sentido de su utilidad, sentimos que no podemos dejar el celular y, menos aún, nuestros pensamientos. Utilicemos este ejemplo de la similitud con el celular con la misma actitud que asumimos frente al uso de nuestros pensamientos. Podríamos dejar el celular apagado por dos horas y estar en total tranquilidad porque sabemos que éste guardará los mensajes en su buzón y podremos escucharlos luego cuando deseemos. De igual forma funciona el pensamiento, el *pensar horizontal* ha sobreempleado el ejercicio del pensamiento que éste funciona por sí solo hasta cuando creemos haberlo silenciado.

La ansiedad innata del propio agite del *pensar horizontal* genera en nuestro comportamiento el hábito de no apagar el celular ni por una hora para lograr estar en total calma. Nuestro deseo de saber si alguna llamada importante entrará durante dicho período y quizas pudieramos perder algo importante para nuestro futuro. De la misma manera el uso obsesivo del *pensar horizontal* construye en nosotros una obsesión de pensar obstinadamente generando una serie de dramas sin razón. Este agite hace que para distanciarnos tengamos que utilizar la herramienta de la respiración, la meditación y la mirada de proceso para darnos cuenta de cuánta basura depositamos en ese lugar que llamamos mente.

Había una vez un hombre devoto que dedicaba su tiempo a la oración y la meditación. Su objetivo eran las cosas del alma y la búsqueda de la verdad. Sucedió que se mudó a vivir justo frente a su casa una prostituta que continuamente recibía todo tipo de hombres. El hombre devoto se sentía enojado e indignado y le preguntaba a Dios cómo podía enviarle algo así, pues esto le hacía perder su concentración y era motivo de desviarse en sus plegarias; "una mujer así no merecía ningún tipo de favores".

Pasó el tiempo y el hombre devoto cada vez sentía más desagrado por aquella mujer. Por el contrario, la prostituta se sentía muy honrada y afortunada de que frente a su casa viviera un hombre de condición espiritual, de modo que siempre le agradecía a Dios esa oportunidad de estar cerca de personas de dignidad. Ella se veía obligada por las circunstancias a llevar ese tipo de vida.

Entonces ocurrió que los dos murieron a la vez, pues se produjo un enorme desastre natural. Y así los dos se vieron frente a la corte celestial.

Allí se les dijo: "cada cual somos lo que cosechamos." Así el hombre devoto fue condenado por no haber vivido su vida con satisfacción y agradecimiento y, además, haber tenido sentimientos negativos hacia otros. Y la prostituta fue salvada, pues ella había vivido su vida con gratitud, aceptación y pensamientos amables hacia los demás.

CINCO ES IGUAL A UNO Y UNO ES IGUAL A CINCO

La mente tiene la habilidad innata de seguir procesando hasta cuando estamos dormidos. Igual sucede cuando logramos hacer ejercicios prácticos, como la respiración, el yoga o algún otro ejercicio de enfoque voluntario para lograr distanciarnos de la película de nuestros pensamientos. Con el pasar del tiempo y con la práctica voluntaria podremos distanciarnos de la capa de basura básica de pensamientos regidos por el *pensar horizontal*, y reconocer que a pesar de haber logrado distanciarnos del pensamiento éste sigue activo guardando los mensajes de todo lo que percibe, no empece a los ejercicios conscientes de silenciamiento voluntario de los pensamientos. Este descubrir nos provee un estado de conciencia alterado y superior, en el cual logramos acrecentar la confianza y la voluntad hacia los procesos de la vida debido a que comenzamos a percibir de forma unitaria varios planos y proyecciones del sinnúmero de dramas cotidianos. A la vez, vivencialmente comprenderemos el poder de la supremacía de reconocer una nueva conciencia superior que existe incluso en aquellos que se relacionan con uno disfrazados con las vestimentas del drama social.

Este estado de alerta nos proveerá herramientas para lograr pasar al estado del Ser que ocultan los demás tras su máscara social debido a que aún no han recibido la contraseña de que uno también esta alerta; y así juntos poder relacionarnos libremente develando el contenido de la sabiduría especial de cada uno de nuestro Ser. Es en dicha experiencia de sabiduría especial que entra el primer consejero a funcionar conocido como la "voz interna." Los cinco consejeros del ser humano se presentan en orden de prioridad, y según la conciencia desarrollada por el individuo. Este orden está establecido para gente consciente e inconsciente, y dependiendo de su estado de conciencia iniciará por el primer consejero o saltará al segundo, tercero, cuarto o quinto.

En orden de prioridad, los cinco consejeros del ser humano son:

1. La Voz Interna
2. Las emociones
3. El dolor
4. La enfermedad
5. Un accidente

La cultura oriental trabaja desde sus tradiciones para que toda enseñanza cotidiana esté basada en tener una buena relación con el primer consejero porque es el maestro-guía de todos los demás consejeros. Al no lograr desarrollar una relación consciente con el primer consejero, sucede entonces la *experiencia caótica del ser,* ya que los demás consejeros se activarán solamente a través del "error." Al no enfocar nuestra atención y escucha hacia el primer consejero, la "voz interna", la subsiguiente relación será a través del error humano, guiado siempre por la resignación satisfecha de la estupidez, quien despertará los siguientes consejeros de acuerdo al nivel de conciencia de la persona. Podemos comprender porque las técnicas y estilos de vida orientales (yoga, meditación, tai chi, zen, budismo, feng shui, etc.) se han propagado y cada vez más aumenta su promoción y prácticas en occidente.

Los occidentales han aceptado el hecho de que todo lo que producen y consumen, por más tecnológico y científico que sea, con el pasar del tiempo se transforma en un error de estupidez humana. El progreso utilizado sabiamente ha sido de gran beneficio para el ser humano. El problema reside en que la masa occidental al no lograr *pausar* no vive sabiamente, pues vive entretenida en las velocidades de su cotidianidad. Sin embargo, hay que reconocer que una mayoría ha comprendido la importancia de lograr salir del veloz laberinto o, al menos, están conscientes que sus estilos occidentales de vida están plagados de prisa, ansiedad, miedo y estrés. Por ende, únicamente cuando somos conscientes de nuestros errores nace una nueva mirada, una nueva conciencia que se despierta y está alerta para escuchar a sus consejeros.

En orden de prioridad, y de acuerdo a la esencia de la naturaleza humana y el sentido común, los consejeros están ordenados con un propósito. Si escuchamos al primero, es posible que no tengamos que pasar por la crisis o el error. Pero si no logramos desarrollar la escucha, la propia naturaleza humana ha creado una escala de otros consejeros para tercos y para todo aquel que construye justificaciones de juegos, ocios, placeres, metas y distracciones para no escuchar lo que su propia vida le está tratando de comunicar. Para ser honesto, el único verdadero consejero es la *"voz interna,"* los otros cuatros consejeros son degradaciones de la propia *"voz interna"* desesperada para que la escuchemos. Debido a esa falta que tenemos de no escucharnos, de no revisarnos, de no pausar para mirar nuestro proceso, ¿Quién soy?, ¿Qué he hecho con mi vida?; la gran maestra *"voz interna"* se convierte en una especie de bruja, en una hechicera, en un payaso, en un mago que juega a transformarse en diferentes tipos de consejeros ocultos, según nuestros vicios socialmente construidos.

Realmente la "voz interna" trabaja arduamente para ser escuchada desde su primer nivel, pero en su trayectoria se percata y lucha contra nuestro apego a la estupidez de la inconsciencia de la zona de confort; ese no querer mirar, ver, escuchar la esencia de nuestro Ser. Entonces la propia "voz interna" actuará utilizando otro tipo de consejero, según las experiencias acostumbradas y elaboradas por nuestro nivel de conciencia. Según nuestras terquedades y prejuicios, la "voz interna" jugará el juego que deseemos jugar para lograr despertar la escucha certera. Es por esto, que UNO es igual a CINCO y CINCO es igual a UNO. Sólo existe UN solo consejero, la "VOZ INTERNA." Los otros cuatro consejeros son degradaciones, deformaciones o disfraces en donde se oculta la "voz interna" debido a nuestra naturaleza animal-humana que hace que ella (la "voz interna") tenga que jugar nuestros juegos de inconsciencia para poder llegar a nosotros. Es recomendable que todo *Aprendiz de Torero* aprenda, internalice, sea consciente y localice los tarjeteros de los archivos de ejemplos en la trayectoria de su vida, en la cual haya vivido alguna relación o contacto directo con los distintos consejeros.

Es preferible que todo *Aprendiz de Torero* desarrolle de forma práctica el músculo de la escucha que lo conectará con el primer consejero para estar alerta a los demás consejeros y poder convertirnos en verdaderos maestros y maestras guías de nuestra esencia de SER. Recordemos que el verdadero y único consejero es la "voz interna." Los demás consejeros son disfraces utilizados por la "voz interna" en una acción desesperada para llamar nuestra atención, y apostar a que finalmente le atendamos, le escuchemos y aprendamos de la enseñanza eterna de la sabiduría incrustada en nuestro proceso de la maestra vida.

Las prisas y las ansiedades del *tiempo del hacer* son la enfermedad de la sociedad contemporánea, ya que literalmente los ritmos de vida actuales nos han quitado el aliento, la respiración. Científicamente se ha comprobado que cuando el ser humano está en medio del procesamiento mental, acelerado atendiendo únicamente la película del pensamiento, los niveles de respiración bajan al mínimo. De forma inconsciente respiramos al mínimo cuando estamos pensando, cuando estamos enfocados en la trama de imágenes del televisor, la pantalla del computador, algún videojuego, teléfono celular o ipod. Cuando dejamos de respirar a los niveles normales, estamos dejando de llevar oxígeno a las células de la sangre de nuestro cuerpo y, por ende, de oxigenar nuestros músculos. De tal forma, nuestro cuerpo dedicará mayor esfuerzo para lograr establecer el mínimo del equilibrio necesario para el funcionamiento de nuestros órganos y, por ende, éstos no lograrán establecer un buen funcionamiento. Lo que la tecnología, el progreso y la modernidad nos ha robado literalmente ha sido el oxígeno. Nos estamos quedando sin oxígeno, no porque falte, sino por falta de conciencia.

La propia estupidez programada, esa ilusión colectiva o simulación interactiva llamado "matrix", nos ha hecho interiorizar ritmos de vida que son contrarios al funcionamiento natural de nuestros órganos. Estas velocidades hacen que no podamos poner atención a nuestra "Voz Interna," por ende, tampoco logramos comprender nuestras emociones ya que nos quitan tiempo para lograr las metas programadas por el "matrix." Siempre esperamos hasta lo último, "al momento de crisis," para entonces hacerle frente a algo para lo que no poseemos herramientas. En esos instantes nuestras emociones ya no pueden ser miradas. Porque lo que surge es una explosión emocional que la mayoría de las veces desconocemos, reaccionando irracionalmente. Este hecho activa el segundo consejero las Emociones siendo nuestro estado emocional el que nos acorrala en un tipo de confusión no aceptada, la cual ocultamos para no tener que mirar el proceso que nos aterra y consideramos nos puede atrasar el camino hacia el futuro. Así que suprimimos nuestras emociones, y éstas por ser e-moción (*energía en movimiento)* se activa, de forma espontánea en los lugares menos deseados, generando en nosotros angustia, miedo, temor y ansiedad. Esta supresión de la emoción crea perturbación interna y externa. La palabra emoción viene del latín *emovere* que significa –perturbar.– Por consiguiente, esta energía emocional suprimida tiene que imprimirse en algún lugar del cuerpo, y por la prolongación de no querer mirar dichas emociones poco a poco la propia perturbación se va incrustando en la esponja de nuestro cuerpo tomando formas de DOLOR.

El *dolor*, es el tercer consejero o disfraz de nuestra "voz interna." Éste llega para gritarnos con su única fuerza, el "dolor," que algo anda mal. Si duele es porque no estamos escuchando algo importante que nuestra "voz interna", la voz de nuestro Ser espiritual, lleva tratando de decir hace bastante tiempo. El detalle es que en occidente, gracias al miedo-temor, le ponemos finalmente atención al dolor pero no a la voz interna, y tratamos de erradicarlo superficialmente con fármacos. La tendencia es justificar el dolor como algo físico que tiene su explicación práctica debido a un mal movimiento o exceso de trabajo físico, y casi siempre buscamos no relacionar el dolor con un proceder directo de nuestras emociones, nuestra energía vital. Así hacemos caso omiso a las emociones y a la voz interna. Occidente vive del negocio de una salud que unos pocos tienen, pero viven con la esperanza de que algún día futuro estarán saludables. Este patrón social ha generado una sociedad co-dependiente a los fármacos y a las drogas legales e ilegales, ya que cree que el problema es genético o físico. En el *pensar horizontal* tener un culpable es una de las medicinas más funcionales para la "paz mental" de todo ciudadano que no desea mirar su proceso. Siempre es otro el culpable de mis penas. Todo el mundo tiene el remedio para ayudar a otros, pero son pocos los que se pueden ayudar a sí mismos.

Primer Consejero: LA VOZ INTERNA

La voz interna es la esencia de la verdad de tu Ser. La voz interna no habla con palabras, sino en el silencioso lenguaje del corazón. Nacer es una experiencia de la naturaleza, pero para convertirnos en un verdadero ser humano hay que reconocer que el ser humano es una creación que proviene de la energía universal. Si deseamos verdaderamente lograr comprender esto necesitamos de la ciencia para entender que dicha energía universal ha quedado atrapada gravitacionalmente en un cuerpo físico, en la materia cuerpo, y necesitamos comprender todas las formas de expresión de dicha energía dentro de la densa materia del cuerpo físico, emocional y mental. Según la teoría de la relatividad Albert Einstein, con-ciencia (con la ciencia) podremos acelerarnos a la velocidad al cuadrado para convertirnos en nuestra esencia, pura energía universal. La verdadera enseñanza es aquella que se esfuerza en construir a través de su mirada de proceso herramientas prácticas para descubrir la esencia del funcionamiento de la energía universal. Dicha enseñanza busca comprender la energía y sus diferentes maneras de expresión dentro de los niveles físicos, emocionales, mentales y espirituales, así como trascender el peso de la basura de nuestros pensamientos, apegos y vicios para finalmente lograr hacer síntesis de la sabiduría oculta dentro de nuestro Ser y compartirla libremente con la unidad de la comunidad planetaria.

Desarrollar la genuina atención a la "voz interna" no son destrezas tradicionalmente enseñadas dentro de la cultura occidental debido a la obsesión por el funcionamiento de las partes del cuerpo humano y sus excesivas ansias por el futuro. El mundo occidental ha desarrollado científicamente tanta estadística y devoción por los expertos, que hemos delegado este conocimiento a doctores y conocedores de la salud humana. Más aún, en las últimas décadas el control de la salud ha sido delegado a las aseguradoras. Esta tendencia cotidiana de la salud enfocada en el producto, en lugar del proceso, es tan evidente que los occidentales conocen mucho más del funcionamiento de sus autos y sus hogares que de cómo funciona su propio cuerpo. Un ejemplo es que los occidentales suelen tener herramientas para reparar sus autos y sus hogares, pero rara vez invierten en herramientas o prácticas saludables para cuidar de su vehículo-cuerpo que anda con ellos a todas partes. Debido a esta tendencia tradicional de la salud, el mundo occidental está mucho más relacionado con el tercer consejero, el dolor, que con la voz interna o inclusivo que con las emociones.

Las prisas cotidianas occidentales obligan a que los individuos no tengan tiempo para pausar y reflexionar sobre sí mismos. Y la reflexión y el pensamiento crítico están dirigidos al desarrollo de ideas prácticas que generen dinero o que ayuden a ganar terreno sustancial para lograr alguna meta futura. Un ejemplo es la obsesión corporativa por el deporte del golf, en el cual las personas supuestamente descansan y pausan al aire libre ejercitándose en medio de una naturaleza artificialmente controlada. Pero cuando miramos por la cortina de atrás, la misión y propósito del juego es comercial. Su propósito es lograr relacionarse con otros ejecutivos y crear los vínculos idóneos para el desarrollo de sus proyectos de capital.

Lo único claro que podemos tener cuando vivimos dichos "momentos de crisis" es que hay muchas voces que parecen empujarnos de un lado a otro, cambiando constantemente de dirección. Nuestra única confusión es el verdadero recordatorio para "pausar," buscar el silencio y el centro de la fuente de nuestro Ser interior. Sólo entonces seremos capaces de escuchar nuestra verdad. De no lograrlo, entonces la naturaleza de la "voz interna" tendrá que utilizar el disfraz de las *emociones* para poder conectarnos de algún modo con nuestro ser.

Segundo Consejero: LAS EMOCIONES

Las emociones es un campo de estudio al cual no se le ha dado la atención que merece. Podemos notar que a través del "error" en la educación tradicional, y el fracaso evidente en el porcentaje ascendente de desertores escolares que cada año se suman a las cifras del desempleo, la violencia y la delincuencia juvenil, algunos pensadores astutos se interesaron en la raíz de esta problemática. Observemos que dicho interés está basado en un error. Gracias a dicho "momento de crisis" tan recientemente como en los años 80, Howard Gardner nos introduce a las *Inteligencias Múltiples* para dejarle saber al pleno de los desarrolladores de las baterías de exámenes que miden la inteligencia que la inteligencia no se puede medir con el diagnóstico de un simple examen, ya que la formas de aprender en cada ser humano son tan diversas como diferentes. El trabajo de Gardner impulsó el surgimiento y énfasis por la *Inteligencia Emocional* expuesta en el 1995 por Daniel Goleman, quien establece una teoría más precisa sobre la importancia de las emociones en el desarrollo de la inteligencia del ser humano. Subsiguientemente, el énfasis pasó de la energía de la emoción al estudio de la creatividad. Como podemos observar, el énfasis real de investigación y preocupación está puesto en la inteligencia y no en las emociones. La atención hacia el surgimiento de esta mirada de las emociones está motivada por la inteligencia, por el hecho sustancial de querer invertir en comprender las emociones para lograr ganar más inteligencia.

No se trata de ganar inteligencia, sino de comprender qué son las emociones. Las emociones son una inteligencia natural que es parte de la expresión de la energía universal que recorre nuestro cuerpo. Cuando comprendamos que la *e-moción* es una *energía en movimiento* que transita fuera y dentro de nuestro cuerpo, y que ésta reacciona a cualquier acontecimiento, entonces podremos observar el proceso del desarrollo de las emociones desde el lente de una nueva mirada sabia, no racional. La sabiduría es la energía pura del conocimiento verdadero sin filtros racionales. La sabiduría precede al pensamiento; es parte del conocimiento puro que llega mucho antes de que pensemos. La sabiduría es el agente abstracto y catalizador del pensamiento racional que desea pasar o percolar dicho conocimiento sabio, puro y transparente a través del filtro social establecido por las leyes, ataduras materiales, deseos y caprichos sociales para reconocer su "verdadera pertinencia", "inteligencia" o valor sustancial en la realidad social del individuo.

Las emociones son producidas por los significados personales que le otorgamos a lo que creemos acerca de nosotros mismos y de las circunstancias del ambiente sociocultural en que fuimos criados y en el que actualmente estemos viviendo. La *e-moción* es una *energía en movimiento* que posee una trama definida por los valores e ideales construidos y que cargamos a nuestras espaldas en esa densa mochila compuesta por los significados que le atribuimos a cada experiencia vivida.

Observar nuestras emociones es un arte de sabiduría ancestral. La emoción es parte de una fuerza que unifica dos mundos: el mundo de *la creación* y el mundo de *la formación* en un proceso continuo de cambio. Es por esto que la emoción vista desde el *pensar horizontal* nos genera ansiedad, miedo, angustia, culpa, desesperación, violencia, acoso y perturbación. Pero la emoción regida desde el fundamento del *pensar vertical,* situado en el Ser espiritual, manejará el reino de nuestras emociones englobando el equilibrio de dicha energía en movimiento entre las fuerzas sincrónicas de la piedad, la gracia y la expresión de la belleza. Esta nueva visión generará un sentido de gozo, alegría, servicio, compasión, amor y unidad, cualidades necesarias para construir el puente que nos guiará hacia la comprensión de la fusión entre el cuerpo, emoción, intelecto y espíritu. La sabiduría y la creatividad pura utilizan para expresarse el llamado *pensamiento divergente,* que genera tantas opciones e ideas como sean posibles en respuesta de una pregunta abierta. Según JP Guilford, el *pensamiento divergente* viene a ser la operación más representativa de la creatividad, ya que nos permite llevar a cabo objetivos y tareas para los que existen múltiples soluciones. Es de reconocer que la percepción otorgada sobre el entendimiento de los conceptos de la sabiduría y de la creatividad, vistos desde el marco teórico del *pensar horizontal,* es muy diferente a la comprensión de los mismos desde el ámbito del *pensar vertical.* La sabiduría y la creatividad analizadas racionalmente desde el ámbito del *pensar horizontal* buscan establecer una estructura uniforme para la comprensión de la expresión enfocada en el producto creativo.

En cambio, desde el *pensar vertical* la búsqueda es abierta, infinita y basada en el proceso cambiante y gozoso de la propia expresión sabia del acto creativo. El viaje es saber agarrar el viento. En la *mirada de proceso* de nuestra trayectoria de vida es importante el ingrediente de la creatividad. En esta hazaña por comprendernos y comprender a los demás necesitamos activar el proceso creativo de búsqueda y de descubrimiento. Para lograrlo se requiere un *pensamiento divergente* por el que el individuo creativo se arrime al *pensar vertical,* y en la pausa pruebe los niveles de "tolerancia" frente a sus propios ideales, modificando con humor y gracia las mismas.

Las culturas orientales estaban más enraizadas en el *pensar vertical*, en el "Yo SOY" energía universal desde antes de nacer. "Yo Soy" sabiduría pura sin filtros sociales. Es por esto que en la antigüedad y en las culturas orientales las emociones son percibidas y trabajadas desde un ángulo espiritual. El concepto del desapego del cuerpo y de los vicios del cuerpo, tan mencionado en la biblia y en muchos de los libros sagrados de la antigüedad, consiste en estar alerta a esa energía emocional. Este sistema para estar alerta se logra poniendo un letrero impreso en la puerta de nuestra conciencia que diga: CUIDADO... CUIDADO... CUIDADO, ya que uno nunca sabrá cómo es que el gran maestro de las emociones se nos va a develar. Debido a esta tendencia de estar alerta, es que las culturas orientales le dedicaron todo su tiempo a desarrollar herramientas que nos ayudan a estar siempre alertas. El yoga, tai chi, feng shui, meditación y otras prácticas y técnicas de culturas y filosofías milenarias fueron desarrolladas para comprender y controlar la energía universal. En esencia, es la respiración la herramienta clave para ser conscientes de la energía y lograr utilizarla para rendirnos en la gracia, y así poder sumergirnos en la naturalidad del *prana*. Prana es una palabra en sánscrito que hace referencia a "lo vital" y puede traducirse como *principio vital o aliento de vida.*

El prana o la energía (chi) universal es el Padre-Madre que nos nutre desde el tiempo inmanifiesto. La energía vital desde el vacío-alma busca la unificación sincrónica por medio del equilibrio con la verdad inefable, innombrable, indescriptible y que va más allá de toda comprensión. Si realmente deseamos sentir esta energía vital, podemos hacer este pequeño ejercicio. Nos detenemos, soltamos el libro, nos postramos con ambos pies juntos y firmes, con las manos juntas una sobre la otra colocadas a la altura del ombligo, e iniciamos una respiración consciente, pero a la misma vez mientras inhalamos abrimos los pies y manos en forma semicircular, quedando las manos en acto de reverencia, de receptividad a la altura de la cabeza pero no sobre ella. Volvemos hacerlo nuevamente, pero ahora tratamos de sentir con la imaginación las formas-pensamientos del *pensar vertical*, y cómo la energía universal se comienza a sentir en las palmas de las manos. Ahora, soltamos la energía suavemente, exhalamos bajando los brazos, colocando una mano sobre la otra al nivel del ombligo, y nuevamente inhalamos abriendo los brazos, juntando los pies y sintiendo la energía en la palma de las manos. Hacemos una pausa, retenemos y sentimos. Usando la imaginación movemos la energía y el calor que estamos sintiendo en las manos y lo enviamos al área del cuello y desde allí la distribuyes por el cuerpo permitiendo que en nombre de la voluntad del bien esta energía sane nuestro dolor, físico, emocional y mental.

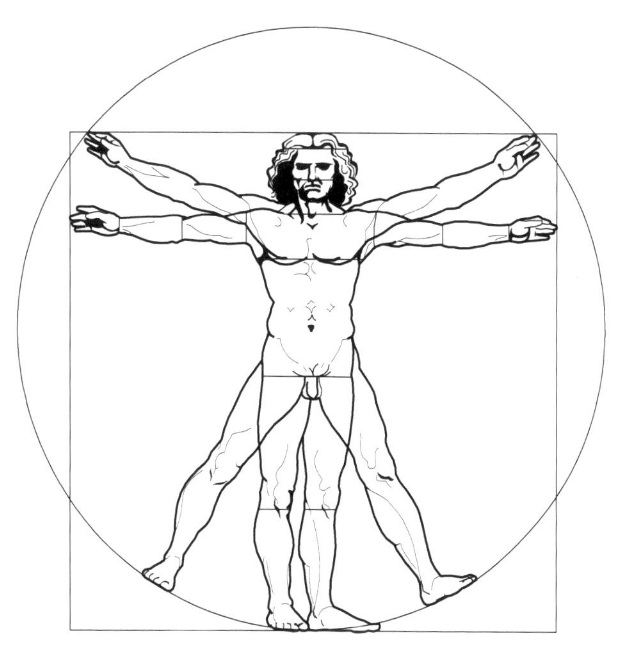

La tendencia de las culturas occidentales es una de no mirar nuestras emociones, de no comprender la energía vital que existe desde siempre. Esta tendencia a no estar fundamentados bajo los preceptos naturales de la energía universal hace que seamos ignorantes y faltos de comprensión para valorar la comunicación con nuestra voz interna y poder relacionarnos con la energía universal, *prana* o Dios, que reside en todas partes (arriba, abajo, al centro, al este, al oeste, al sur, al norte y adentro). Al no escuchar nuestra voz interna, pasamos a relacionarnos con el segundo disfraz o consejero de la voz interna que son las emociones.

Las emociones en occidente son percibidas como un obstáculo, y no como una oportunidad para quitarnos la máscara superficial de la personalidad y lograr conocer en profundidad la verdad de nuestro Ser. Nuestro lenguaje está desprovisto de conceptos sútiles para comprender ese torrente de energía emocional que se despierta a diario en nosotros. Tendemos a escondernos de nuestras emociones y cuando nos hablan de controlar las emociones, lo interpretamos literalmente como "niega tus emociones, trata de no sentir lo que estás sintiendo y compórtate como es debido." En lugar de comprender nuestras emociones, la cultura occidental a través de sus tradiciones económicas, políticas y religiosas ha cultivado una catequesis para que reprimamos y escondamos nuestros sentimientos. Es tan así, que un acto público sincero y genuino de explosión emocional es visto como un "show", un espectáculo. Esta persona libre, responsable de sus actos y genuina, es percibida como alguien que se salió de sus cabales, que no está en control de sus emociones, y es un posible candidato a convertirse en un "desajustado social."

La pregunta es ¿Por qué le tenemos miedo a nuestras emociones? ¿Por qué le tenemos tanto miedo a las emociones de los demás? Quizás por creer que éstas son un impedimento que deteriora nuestro *pensar horizontal*, que detiene nuestros proyectos en el *tiempo del hacer* donde no hay tiempo para comprender lo incomprensible. La idea es estar enfocados en la meta, y hay una tendencia occidental a creer que las emociones nos nublan y nos separan de nuestra meta. El detalle es que cuando observamos nuestras emociones, estamos observando nuestro interior; lo que hemos aprendido e interiorizado ya sea bueno o malo, estamos observando nuestro verdadero ser. El fundamento y raíz de mirar nuestras emociones es observar cómo nuestra energía va develando las enseñanzas del bien y del mal y como están siendo interpretadas y utilizadas de forma práctica en la acción siempre cambiante de la vida. No es sólo mirarlas, sino poder indagar hasta reconocer su proceder. *"Saber es poder,"* y cuando sabemos el proceder de la "nueva mirada" quizás descubramos que la forma adoptada de actuar no es propia de nuestra persona, sino que ha sido asumida erroneamente por pautas condicionadas aprendidas del ambiente en donde fuimos educados. Por lo tanto para lograr el acceso a esta "nueva mirada" tenemos que aprender a desaprender.

En un detallado estudio sobre la ciencia, el orden y la creatividad, David Bohm -antiguo colaborador de Einstein mundialmente conocido por sus trabajos en física cuántica- y David Peat -pionero en conectar la teoría cuántica con la psicología junguiana- nos ilustran claramente el desfase y la fragmentación científica y sus efectos en torno a la obsesión y rigidez del *pensar horizontal* o la occidentalización del pensar científico. Para una *mirada de proceso,* o según ellos "para ser capaz de prestar atención a algo es necesario abstraer o aislar primero sus características principales de toda la infinita y fluctuante complejidad de su contorno. Cuando este tipo de acto de abstracción perceptiva se ve libre de una rigidez excesivamente mecánica, entonces no conduce a la fragmentación, sino que más bien refleja la relación siempre cambiante del objeto con su contexto." La importancia de la flexibilidad y la integración correspondiente a los diferentes elementos relacionados con el lente de aquello que deseamos focalizar es imperativa para la expansión de nuestra mirada. En cuanto al desarrollo de la creatividad y el establecimiento de metas y esquemas de comportamiento rígidos impuestos en cualquier tipo de enseñanza dirigida al ser humano, Bohm y Peat plantean lo siguiente:

> "El establecimiento de metas y esquemas de comportamiento, que se imponen de manera mecánica o externa, y sin comprensión alguna, producen una estructura de conocimiento rígida que bloquea el juego libre del pensamiento y el movimiento libre de la conciencia, que son necesarios para que actúe la creatividad... Cuando se pone este tipo de impedimentos a la creatividad, lo que resulta no es simplemente la ausencia de creatividad, sino una presencia activa de destructividad... Porque la creatividad es una necesidad primaria del ser humano, y su negación produce un estado general de insatisfacción y aburrimiento. El paso siguiente es una frustración intensa que lleva a la búsqueda de una "salida" excitante, en la que muchas veces va incluido cierto grado de fuerza destructiva. Este tipo de frustración es una de las causas más importantes de la violencia. Sin embargo, lo más destructivo de este tipo de violencia es que poco a poco se van apagando los sentidos, el intelecto y las emociones del niño, y éste pierde la capacidad de conciencia, la atención y el pensamiento. La energía destructiva que ha surgido en la mente se ha vuelto contra todo el potencial creativo mismo." (Bohm y Peat, *Ciencia, orden y creatividad*, pág. 256-257)

Podemos inferir que el problema educativo, el descontrol de nuestras emociones, los acosos, el bullying, la violencia, la droga-adicción y la criminalidad en aumento en el mundo se deben primordialmente a la poca importancia y a la falta de una mirada consciente y sincera hacia la energía creativa, la cual es conocida en los países orientales como *energía vital* o "hara" en la filosofía japonés. El no comprender la energía creativa es estar cegados por el camino del *pensar horizontal* y en total negación de la existencia del *pensar vertical.* La negación del *pensar vertical* es la destrucción del potencial creativo y la destrucción de la conexión con el Ser Superior. Como la energía creativa no puede ser contenida y, si se suprime, ésta actuará a través de diferentes "momentos de crisis," según los niveles de ignorancia o estupidez, hasta lograr despertar la voluntad para descubrir al Ser. Es decir hay creación cuando la mente se libera del problema y deja de crearlos. Una de las causas del problema es acentuar demasiado en lo "mio", "mi" exito, "mi" familia, "mi" nación. Cuando logramos liberar el pensamiento de lo mio cesando la obsesión del *pensar horizontal,* el mismo acto de pensar pausa y surge el estado del Ser (regido por el pensar vertical) en donde la creatividad puede libremente surgir.

Para las culturas orientales la energía emocional es el referente práctico por el cual se manifiesta la energía creativa siendo las emociones el verdadero filtro para graduarse de maestro. Un *Mahatma* ("alma grande o magnánimo) o *Brahmán* (sacerdote) ha logrado en su verdadera mirada de proceso pasar por todos los exámenes necesarios para estar en paz, en calma, en contemplación y en la seguridad de cada acto emanado del Ser. Según la filosofía oriental, la ansiedad, la preocupación, el celo, la aflicción, el miedo, la ira e, incluso, el exceso de alegría son posibles causas de enfermedades. El combatir estos trastornos puede crear mayores conflictos. La filosofía oriental aconseja contemplarlos conscientemente y aceptarlos. Con la *mirada de proceso* consciente del *Emocionar-con-lupa* las emociones se calmarán de la misma manera que un toro salvaje excitado que se deja libre en un extenso prado acaba poco a poco por tranquilizarse. La respiración y la meditación es el método consagrado por los orientales y, recientemente, con gran propagación en occidente. La respiración representa ese extenso prado para lograr el fin de tranquilizarnos y recobrar nuestra salud, nuestra energía vital. Esta es una de las tareas más difíciles para el *Aprendiz de Torero*, pero a la vez la tarea más gratificante que le enseñará a comprender sus propios problemas, ansiedades y emociones para llegar a entender a los demás.

Occidente, al tener todo su enfoque dirigido en cómo lograr un buen producto, crea las condiciones para que nuestro actuar siempre esté enfocado en mejorar lo producido. La mirada está dirigida siempre hacia el futuro, puesta en el producto y no en los saberes cultivados por la trayectoria de vida del propio proceso recorrido. Esta tendencia de las formas de actuar hace que el pensamiento esté siempre condicionado por el *pensar horizontal,* en donde la prisa, el tiempo futuro, la falta de tiempo, el estrés y la ansiedad son parte natural del comportamiento humano. Esta forma de comportamiento obliga a tener el enfoque de nuestro pensar en el futuro y en aquello que vamos a producir, ya sea una profesión, un matrimonio feliz, un proyecto, un hijo, un negocio o cualquier cosa externa que represente y proyecte la grandeza que deseo tener. Este encuadre genera la tendencia a no cumplir con escuchar nuestra *"voz interna,"* y promueve un aprendizaje obligatorio a través de los errores de mis "momentos de crisis," siendo la mayoría de las veces incapaces de comprender nuestras emociones al justificar con un culpable el proceder de nuestras penas o las causas de nuestros problemas inmediatos. Esta tendencia a no mirarnos hace que acumulemos demasiada información densa, basura emocional inapropiada, que provoca que incursionemos en ritmos de vida cotidianamente perturbadores que paulatinamente van generando un sentimiento de irrealidad y de vacío.

Este sentido de irrealidad nos lleva sin darnos cuenta a entrar en la casa de la *resignación satisfecha de la estupidez colectiva*, que en un intento erroneo de escapar de la realidad, más bien, nos adentra en una zona de aburrimiento y de peligro, guiada por los vicios: el alcoholismo, la drogadicción, el sexo, la lujuria, la gula, el fanatismo, el prejuicio, el celo, la ira, el odio, la violencia, el erotismo, la destrucción, el abandono, entre otros.

Este aburrimiento surge porque la gente está sobreexcitada y ha hecho de la velocidad un hábito, y al encontrarse solos con su persona se aburren y recorren a distracciones externas como la tecnología y los vicios antes mencionados. En pocas palabras, nos aburrimos porque nunca hemos querido encontrarnos con nosotros mismos. Los vicios se adoptan entonces como una solución virtual, una vida alterna, donde se llega a una supuesta paz medicada o tecnológica, la inmediatez de llegar a esa falsa paz es adictiva y egoista. En esta zona de peligro, de no querer mirarnos, aceptamos la realidad y nuestros propios sufrimientos como algo natural, e interpretamos de forma equivocada este estado de incomodidad que se va a ver reflejado con el tiempo a través de los próximos tres disfraces de la voz interna o subsiguientes consejeros naturales, ***el dolor, la enfermedad y los accidentes.***

Tercer Consejero: EL DOLOR

Cuando no escuchamos nuestra voz interior, y menos aún a nuestras emociones, la voz interna se disfraza con los vestidos del dolor para, literalmente, hacernos sentir en el cuerpo que algo anda mal. El problema es que casi siempre cuando llega el dolor ya es muy tarde para la prevención activa de nuestra buena salud. La enseñanza occidental ha estado fundamentada en recubrir el dolor con una inmensidad de entretenimientos para escondernos detrás de los deseos y caprichos que, en última instancia, son los gestores de nuestro gran dolor. El *pensar horizontal* es el gran ingeniero de la creación de ese futuro por el cual sacrificamos todo nuestro ser, deteriorando nuestro sistema-cuerpo. En vías de lograr ese progreso, hemos cultivado un amplio espectro de dolor que abarca desde lo planetario hasta lo personal, sin perdonar entremedio ninguna instancia. La estupidez programada y asumida complacientemente nos ha llevado a no querer mirar la destrucción permanente de especies animales y vegetales; la manipulación sistemática de otras especies para los fines del consumo masivo, la experimentación científica o el entretenimiento colectivo; la destrucción, el acoso, la criminalidad desenfrenada y la violencia de todo tipo provenientes del estado, la banca, las multinacionales y las instituciones en general, incluyendo el deterioro de la familia contemporánea y culminando con la persona individual. El estado de incomodidad y de agitación se hace cada vez más doloroso y la sensación de vacío interior más insoportable. Las heridas propias que generan la desigualdad en sectores cada vez más extensos de la población hasta las heridas que cada uno carga en su historia familiar, educacional y personal a causa del acoso individual e institucional, la discriminación, el abandono afectivo, la represión, el castigo, y tantas otras cosas que nos pueden haber tocado y que activan un estado de agitación interior que va acompañada de una crisis de valores y de moral para finalmente activar en cualquier cuerpo humano un sinnúmero de dolores. Todo lo anterior hace que vivamos en el cuerpo del dolor. Nuestro cuerpo asume y se ata a toda esta energía social que en su cotidianidad ha cultivado la costumbre de relacionarnos complacientemente con roles y patrones que deterioran nuestro sistema físico del cuerpo y, por consiguiente, el dolor es nuestro pan de cada día. Lo interesante y doloroso es que la mayoría de los occidentales asumen la conciencia del dolor desde la sonrisa complaciente de la persona fuerte que no le duele nada. "Yo estoy muy bien", aunque los dolores musculares y emocionales estén acabado con su sistema-cuerpo.

Es importante que cada cual saque tiempo y separe un espacio en su agenda personal para dialogar cualitativamente y con corazón con su "voz interna." Si no logramos hacer ese tiempo en nuestras agendas, es posible que la *"voz interna"* llegue disfrazada de dolor. Cuando llega el dolor es para avisarnos, toca a la puerta de la conciencia y nos reclama, -yo, dolor, estoy aquí en tu cuello-, ¿Dónde está el responsable de este cuerpo? Ante nuestra sordera, el dolor continúa tocando la puerta de nuestra conciencia; "tun, tun," el dolor incrementa y se va transportando por todo nuestro cuerpo como queriendo decir algo. "Tun, tun, Yo dolor", -te aviso que la *voz interna* está tratando de sacar una cita contigo para recordarte cosas que sabes hace mucho tiempo. El 95% de las veces que nos toca la voz interior a la puerta disfrazada de dolor no le ponemos atención, la callamos con una serie de medicamentos dependiendo por dónde se manifieste. Esta tendencia a no escuchar ni mirar el proceso hace que las farmacéuticas controlen nuestras vidas, y vivamos en una sociedad adicta, ya sea a las drogas o vicios legales e ilegales. Todos estos vicios desactivan la atención a la *voz interna* de nuestro corazón para no ver y no escuchar la sabiduría eterna que nuestro propio proceso de vida quiere develarnos. Esta tendencia a no querer comprender que el dolor es nuestro aliado consejero, hace que la voz interna tenga que disfrazarse por cuarta vez con el vestido de la enfermedad.

Cuarto Consejero: LA ENFERMEDAD

Hans Selye reconoció en los años 70 en occidente que las enfermedades fisiológicas pueden tener causas sicológicas, tales como la tensión, la ansiedad y el estrés. Este punto de vista plantea que todo lo que experimentamos en nuestras vidas es una experiencia corporal que pasa por los registros físicos, emocionales, mentales y espirituales. En occidente la medicina es vista como un producto de masificación y, por ende, muchos médicos subrayan la objetividad y para examinar emplean instrumentos muy técnicos. Quieren medir y formar un diagnóstico científico dejando a un lado su percepción humana. Este hecho hace que de forma habitual hayamos asumido la tendencia a creer que nosotros no necesitamos conocer nuestro cuerpo ya que para eso están los médicos. La tecnificación de la medicina occidental ha creado en los pacientes una desvinculación con el vehículo-cuerpo que los carga a todas partes. Conocemos mucho más de cómo vestir y maquillar el cuerpo que de cómo funciona y la relación de la energía vital, las emociones y nuestras formas pensamientos. Considerar el cuerpo de esa manera tan fragmentada tiene sus consecuencias. Occidente busca controlar el "momento de crisis," en lugar de ofrecer herramientas para prevenir o manejar estos "momentos de crisis."

Estos "momentos de crisis'' son también una gran oportunidad para unificar la milenaria sabiduría oriental de la acupuntura con las inteligencias técnicas de occidente. Esta oportunidad de un determinado "momento de crisis" sucedió cerca de 1971 cuando el expresidente Richard Nixon regresó a China a restablecer nuevos nexos diplomáticos. Durante su visita, el corresponsal James Reston del *New York Times* sufrió de un ataque de apendicitis y tuvo que ser atendido de emergencia. Su recuperación postoperatoria fue facilitada por la acupuntura. Tal fue su experiencia que Reston escribió una columna para dar testimonio del potencial de la acupuntura y las diferentes alternativas orientales para aliviar el dolor. Después de este artículo se aceleró el proceso de sacar a la luz cada vez más información educativa sobre las potencialidades de la medicina oriental y otras prácticas acerca del conocimiento integral del ser humano.

Para Oriente cuando uno enferma significa que nuestra "energía vital" ha sido descuidada y toda nuestra atención ha estado en dilemas del *pensar horizontal*, olvidándose por completo de su relación con su "energía vital" que viaja a través de la unidad física, emocional, mental y espiritual. La diagnosis oriental trata de trabajar con las energías establecedoras de la salud que hay en el interior de la persona enferma. El médico es visto como un sanador que no busca curar al enfermo, sino que facilita herramientas y orienta al enfermo para que este identifique a través de una mirada de proceso sus vehículos -cuerpo, emoción, mente y espíritu para que se cure y se recupere él mismo. El enfermo es quien se cura a sí mismo. Esta forma diferente de mirar la salud hace que los orientales y todo experimentador de la medicina alternativa piense de una manera holística e intuitiva, en la cual la vida es un cuadro en el que todos los elementos son importantes para la unidad-cuerpo. Como diría el sicólogo y antropólogo Holger Kalweit en su ensayo "Cuando la demencia es una bendición: el mensaje del chamanismo" en el libro *El poder curativo de las crisis*: "Si fuésemos capaces de entender la enfermedad y el sufrimiento como procesos de transformación física y síquica, como hacen los pueblos de Asia y las culturas tribales, ganaríamos una visión más profunda y menos desviada de los procesos sicosomáticos y psicoespirituales, y empezaríamos a darnos cuenta de las muchas oportunidades que ofrecen el sufrimiento y la muerte del ego."

El detalle que solemos aprender los experimentadores de la medicina alternativa es que la enfermedad es un descuido, es una mala interpretación relacionada con no estar escuchando nuestros consejeros naturales. Cuando llega la enfermedad es el resultado de no haber practicado la pausa, ni los ejercicios de respiración y meditación para estar en contacto con nuestra voz interna y ser conscientes de nuestra energía vital y la totalidad. Esa pequeña distracción hace que se despierte el botón de alerta de nuestras emociones y, si cabalgamos en ellas desde el Emocionar-sin-lupa, sabemos que prontamente el dolor se activará en nuestro cuerpo como un aviso para que aterricemos nuevamente a nuestro estado de alerta. Si no lo hacemos, enfermamos. La enfermedad surge por nuestras terquedades y banalidades en las que gastamos la energía en nuestros caprichos y deseos por capturar un estado de felicidad futuro en algún lugar de las ilusiones y fantasías creadas por nuestro *pensar horizontal*. Cuando esta ceguera sucede, y aún con todo y enfermedad no logramos conectar con la mirada de proceso consciente del Emocionar-con-lupa, nos adentramos al callejón del peligro creado por nuestra propia sordera, nuestro ego, nuestro sentido de orgullo irracional. Si no logramos adquirir la mirada ni en la enfermedad, la "voz interior" tiene que ponerse el disfraz que más detesta ponerse, el de los accidentes.

Quinto y último consejero: LOS ACCIDENTES

Los accidentes suceden como el último recurso de nuestra "voz interna" para disuadirnos de que tenemos que hacer algo pronto. No podemos postergar más la situación de ceguera en la que estamos viviendo. Posponer es simplemente algo estúpido, ya que mañana también tendremos que decidir. Así que, ¿Por qué no hacerlo hoy? Desde el *pensar horizontal*, siempre hay una justificación a futuro al creer que mañana estaremos más sabios y con mayor experiencia que hoy. El detalle es que si continuamos postergando, seremos más viejos que hoy y las malas costumbres y caprichos también habrán crecido y estarán más apegadas a nuestra piel. Nuestro coraje habrá disminuido, y quizás en nuestro aburrimiento de la vida no lo intentemos nunca. La zona cómoda es también una zona de peligro y, si no logramos escuchar la "voz interior", ella, por culpa de tus orgullos y necedades, puede construir un accidente; un maestro accidente porque de los accidentes se aprende y hay quién ha logrado hasta la iluminación.

El nivel en que sucederá dicho accidente dependerá de nuestras terquedades. Hay quien le basta con caer de la patineta de su hijo para aprender que ya no tiene 17 años, aunque su energía vital le haga pensar lo contrario. El sistema de alerta se despierta y el dolor corporal cada día le recuerda que tiene que poner más atención a las responsabilidades del momento; a ser padre y no un compañero que compite con su hijo para demostrar orgullosamente sus grandes y juveniles destrezas en la patineta.

Basta con tener un solo accidente de auto para despertar y descubrir lo cerca de la muerte que uno se encuentra. Es ahí en ese presente, en esas fracciones de segundos, que la "voz interna" saca su alarido existencial, o sea el tiempo acumulado de sordera, para gritarnos y presentarnos aquello que estemos necesitando comprender para pasar de un estado del ser a otro. No necesitamos un accidente para aprender una lección, pero nosotros los occidentales vanagloriamos tanto el ego, la individualidad, los súper hombres y las súper mujeres, que vivimos en la nube de crear súper poderes para tener todo bajo control y cuando menos imaginamos, abrimos los ojos y estamos en la sala de un hospital. Es duro, pero la coraza de hierro en la que hemos invertido tanto tiempo y dinero de alguna forma tiene que romper. Y, dependiendo de tu armadura y máscara para recubrir tu verdad, así será tu accidente. Cuidado... Cuidado... Cuidado porque hasta puedes morir.

Un hombre decidió pasar algunas semanas en un monasterio de Nepal. Cierta tarde entró en uno de los numerosos templos de la región y encontró a un monje sentado en el altar, sonriendo. Le preguntó por qué sonreía.

–"Porque entiendo el significado de los plátanos", fue su respuesta.

Dicho esto, abrió la bolsa que llevaba extrayendo de ella un plátano podrido.

–"Esta es la vida que pasó y no fue aprovechada en el momento adecuado; ahora es demasiado tarde."

Seguidamente, sacó de la bolsa un plátano aún verde, lo mostró y volvió a guardarlo.

–"Esta es la vida que aún no sucedió. Es necesario esperar el momento adecuado."

Finalmente, tomó un plátano maduro, lo peló y lo compartió con él.

"Esta es la vida en el momento presente. Aliméntate con ella y vívela sin miedos y sin culpas."

Ochi

¡EN QUÉ QUEDAMOS...!

La sonrisa que oculta el alma...
Hay muchos métodos con que
defendemos nuestras zonas personales
y uno de ellos es el enmascaramiento. El rostro que
ofrecemos al mundo exterior
es raramente nuestro verdadero rostro.
Julius Fast

Pertenecemos a la energía universal. Nuestro cuerpo es un templo y a la vez una cárcel. El cuerpo es parte del milagro de la vida y es también el gestor de los "momentos de crisis"' y de los "momentos de gozo y gracia." El cuerpo humano es cárcel cuando nos apegamos al peligro del *pensar horizontal*; a la catequesis de querer concebir el cuerpo como objeto y como instrumento de perdición adentrándonos a los vicios del cuerpo, los prejuicios, la desconfianza, los celos, la ira, el odio. Es templo cuando entramos en pausa para revisarnos y logramos posicionarnos dentro del *pensar vertical* que nos conecta con la esencia de nuestro ser, y reconocemos que el cuerpo es el más maravilloso instrumento para nuestra realización, individual, social y espiritual.

Nuestro sistema-cuerpo es un ente maravilloso en donde reside el Todo, y lo que está arriba está abajo. El maestro zen japonés Deshimaru solía citar un proverbio antiguo que dice: "La boca es horizontal; la nariz vertical. Eso es todo el budismo." Según los rabinos, la boca es humana y la nariz es divina, recordándonos que fue en ella que el Creador imprimió su soplo divino. El simbolismo de la *Cruz que todos cargamos*, el *pensar horizontal* y el *pensar vertical*, ha sido sustraído de la mirada de proceso y la trayectoria de la sabiduría eterna de la antigüedad, en especial de la propia cruz de Cristo. Diferentes estudiosos cabalísticos y de la antropología e historia de Oriente Medio, entre ellos Mario

Satz en su libro *El cuerpo y sus símbolos*, coinciden que en la cruz, su madero vertical indica precisamente lo superior, eterno y espiritual, la naturaleza divina de Jesús. En cambio, el madero horizontal señala lo humano, la ilusión y lo perecedero. La pregunta es cómo entonces logramos un equilibrio entre ambas estructuras de pensamiento y conciliamos una comprensión que nos ayude a postrarnos ante la vida desde el madero vertical de lo eterno y espiritual de nuestro Ser.

El problema de la horizontalidad reside en que nuestro cuerpo posee muchas distracciones construidas alrededor de las tensiones y traumas cotidianos de la vida occidental, el cual se sustenta ampliamente por la estructura del *pensar horizontal*, por la boca, que cuando habla muere. Estar alertas es ir deconstruyendo, desmontando conscientemente las maravillas y enredos del *pensar horizontal* para comprenderlo y conscientemente aceptarlo como el primer paso para salir. Salir de esta demarcación no significa negarla bajo la justificación de que ya pasé a una nueva conciencia. Pensar que ya salí es el aviso para estar alerta de que estamos por entrar nuevamente a la ilusión, ya que no hay peor ilusión que la creada por la gente que procura evitar la ilusión. No se trata de evitar, se trata de mirar el proceso conscientemente, reconociendo en el mismo presente en que se mira lo acontecido que verdaderamente logramos descubrir las necedades y trampas de nuestras posturas y de la construcción de esa máscara social vestida de nuestra personalidad.

El mirar el proceso conscientemente es un ejercicio práctico que no se aprende teóricamente; se aprende cuando se ejercita. En la acción misma de mirar el proceso se descubre la estupidez o la acción sabia; lo que nos interesa es desvanecer la mala interpretación de nuestras acciones. Es ahí que logramos la "pérdida del yo" o la ilusión de que estamos separados de la totalidad, y entramos a la comprensión del *pensar vertical* en donde estamos postrados en la firmeza del Yo Soy Uno con el Todo y el Todo es Uno conmigo. Desde esta nueva postura del *pensar vertical* podemos visitar la sala de estar del *pensar horizontal* sin miedos y sin ansiedades. Podemos utilizar en confianza todas las herramientas del *pensar horizontal* sin temores y sin pensar que alguien nos hará daño, ya que el error, el caos y los *momentos de crisis* son fracciones diminutas del camino que nos dirige a la iluminación, a la aceptación de la energía universal como el Todo en Uno y Uno en Todo.

Identificar a qué tipo de pensar me encuentro atado es sólo posible si logramos identificar hacia donde tiramos el anzuelo de las formas de nuestros pensamientos. Si el pensar va cargado de negatividad, de falta de tiempo, de estrés, de ansiedad, estamos inmersos en el *pensar horizontal* y apoyamos todo tipo de goce generado por las múltiples creaciones remediarias de consumo para aliviar el dolor a través de un supuesto "placer." Este hecho hace que inconscientemente estemos mezclando la energía de la *fuerza vital* con el principio del placer. Esta mezcla crea una excitación, una fantasía que busca un goce temporal para salir del dolor creado por cargar con las responsabilidades de la máscara que hemos construido. He aquí el problema y la dificultad de por qué preferimos quedarnos atrapados en los placeres remediativos que nos venden los programas de televisión, las fantasías sexuales. Las promociones de todo tipo de artículo que nos mantienen prisioneros al placer que nos conecta con las perversidades de nuestro ser. El *pensar horizontal* vive construyendo herramientas para que inconscientemente dentro de nuestras complacencias con la estupidez nos conectemos con esa parte perversa de nosotros que resiste ferozmente el llamado de la vida natural del *pensar vertical*, que en esencia busca la integración y la unidad.

Esta conexión con la energía negativa ejercitada por nuestra perversidad alimentada por los placeres comercializados para subsanar nuestro dolor existencial, hace que podamos soportar el aislamiento con el Todo, con nuestra energía vital, mediante las defensas de la arrogancia, el orgullo y el miedo. La mirada de proceso busca conectarnos con los patrones de la genealogía familiar y social para lograr VER-LOS (*ver-los* patrones) y ser conscientes de la cantidad de ejercicio y energía que hemos invertido en la negatividad de unos patrones que no son nuestros, sino que fueron asumidos de forma habitual por el hecho de que fuimos accionados al ejercicio familiar y social de un ambiente de negatividad. Tenemos que dar un salto y reconocer que llevamos años acostados cómodamente en el somnífero dolor creado por la cama *King* del *pensar horizontal* para poder levantarnos a ser conscientes del fundamento de la verticalidad de nuestro pensar. "Yo Soy" un Ser espiritual que es UNO con el TODO y TODO está en UNO. En UNO está dar el salto de las limitaciones de lo conocido, de los prejuicios, de las etiquetas, de las máscaras, de nuestras ideas limitadas y negativas acerca de la vida para adentrarnos a la vastedad infinita del Ser, del Espíritu, de la "oportunidad" de una nueva visión que busca la unidad, el amor, la alegría y la confianza.

El trabajo de salir de los acosos construidos socialmente por el *pensar horizontal* es arduo. Hay mucho trabajo individual y colectivo por hacer. Cada cual debe asumir su responsabilidad individual y utilizar la *mirada de proceso* conscientemente como si fuera uno y las experiencias el verdadero sanador que propicia que el paciente (la inconsciencia del Ser) equilibre la energía restableciendo el propio orden sincrónico natural para así generar la curación y Ser consciente del "YO SOY." Para curar o posicionarnos desde el madero del *pensar vertical* de lo divino, espiritual y eterno, hay que trabajar, prepararse, protegerse, cubrirse de energía, de la energía de la voluntad del bien. Si no podemos enfermar, tener un accidente o morir.

Si cada cual adquiere la disciplina para trabajar en lo interno y entrar en el camino de la búsqueda, daremos inicio a un sendero en el cual a cada paso encontraremos maestros y experiencias. En este camino toda la gente, hasta el más *bully*, se vuelve maestro, tiene algo que enseñar. Esto da la posibilidad de alcanzar un estado de madurez mental que nos permite vernos a nosotros mismos en los demás; reconocer cómo hemos sido;

cómo somos; si hemos cometido los mismos errores; los mismos deseos; las mismas banalidades y los mismos patrones negativos durante alguna trayectoria de nuestra vida para entonces sanarlos y adentrarnos a la *espiritualidad ciudadana*. Todos tenemos que experimentar las cosas por nosotros mismos, y sólo cuando llegamos a ese estado de comprensión nos acercamos al equilibrio. La propia trayectoria de vida es nuestro Gran Maestro, nuestra gran experiencia, y pasando de un estado del ser al otro, logramos adentrarnos a la verticalidad espiritual de nuestro Ser. Así estaremos construyendo el terreno para que la energía vital de la unidad, el amor, la alegría y la confianza sean los pilares fundamentales de una nueva organización social en la que nuestros hijos puedan reconstruirse y desarrollar al máximo las potencialidades espirituales de una sociedad de infinita pureza. Caminemos... a *torear el bullying*... a trabajar.

Y otros que cultivaron enseñanzas bajo estos preceptos nos comentan:

"Llevan sobre la tierra muchas calles y caminos, pero todos apuntan a la misma meta. Puedes cabalgar y viajar de dos y de a tres, pero el último paso debes darlo solo. Por eso ningún conocimiento ni poder es tan bueno, pues todo lo difícil debe hacerse solo."

Hermann Hesse

"...debes tener siempre presente que un camino es sólo un camino. Si sientes que no deberías seguirlo, no debes seguir en él bajo ninguna condición. Para tener esa claridad debes llevar una vida disciplinada. Sólo entonces sabrás que un camino es nada más un camino, y no hay afrenta, ni para ti ni para otros, en dejarlo si eso es lo que tu corazón te dice. Pero tu decisión de seguir en el camino o de dejarlo debe estar libre de miedo y de ambición. (...) **Mira cada camino de cerca y con intención**. Pruébalo tantas veces como consideres necesario.

Luego hazte a ti mismo, y a ti solo, una pregunta: **¿Tiene corazón este camino?**

Si tiene, el camino es bueno; si no, de nada sirve. Uno hace gozoso el viaje; mientras lo sigas, eres uno con él. El otro te hará maldecir tu vida. Uno te hace fuerte; el otro te debilita."

Carlos Castañeda, *Las enseñanzas de Don Juan*

Ochi

Ochi

Caminemos….

Vamos a andar
mirando lo que arde navegando en nuestro cuerpo
controlando la neblina
observando el espejismo
entendiendo la fiera oscuridad que oímos bramar a lo lejos
adentrándonos al hilo inicial que enhebra cualidades
de la propia verdad desconocida.

Vamos a andar
con el pecho al aire
obsequiando todo lo que sabes
sin orgullos
andando caminos, estepas, trochas y llanuras
dando paso a un alma que cabe en mil miradas.

Vamos a andar
desapegados de los frutos
interesados en el proceso
que regala respuestas de grosor entendimiento
como el amor de una madre
disuelto en el espacio
después de liberada su criatura en la distancia.

Vamos a andar
penetrando nuestro amor en señales fulgurosas
enredadas en flores, ramas, espinas
y a veces en hombres y mujeres que caminan transparentes
vibrando como ondas que se esparcen en el agua.

Vamos a andar
como el niño que no sabe
como el niño que sí sabe
como el niño-joven-adulto ya liberado de la gruesa serpiente social.

Vamos a andar
caminando por los vientos que dan luz a la ceguera
caminemos…
no quieras detener el tiempo, sin tiempo
caminemos…
siempre hay alguien que te espera
caminemos…
es ir derrumbando miedos
caminemos…

vamos a andar

caminemos…

Mirada de proceso del autor puesta en poesía, escrita en Tucson, Arizona, el 18 de febrero de 1991, a sus 23 años.

TODO FINAL ES UN COMIENZO...

Sólo hay dos cosas infinitas: el universo y la estupidez humana.
Y no estoy tan seguro de la primera.
Albert Einstein

Mi sobrina Valerie murió de cáncer a la temprana edad de 13 años, y a su corta edad se convirtió en maestra-guía de la alegría. Con dicha energía, una semana antes de transformar su cuerpo se encargó de fundar la **Fundación VAL**: **V**ive, **A**legre, **L**uchando (www.fundacionval.org). Valerie logró acelerar su masa corporal a la velocidad al cuadrado para convertirse en pura energía. Ahora reside en los arcoiris y en los corazones de todos los que la conocieron. A través del letargo del año y siete meses de su enfermedad, de la cual me enteré el mismo día de mi cumpleaños número cuarenta, descubrí que el cáncer es un acoso generado por nosotros mismos, la raza humana. El mismo proceso de indagar en las posibles causas de la enfermedad me llevó al entendimiento súbito, y a la formulación de la hipótesis que el cáncer no es una enfermedad individual que sufre un pariente o un conocido familiar. El cáncer es una enfermedad colectiva creada por el egoísmo y resignación satisfecha de la estupidez colectiva de la raza humana.

Esta enfermedad es seria. Y los que pagan son los más sensibles que inconscientemente terminan padeciéndola y en su proceso-dolor deciden con valentía morir en la cruz en nombre de acelerar la humildad tan necesaria para lograr remover la terquedad y la necedad de aquellos que se mantienen egoístamente en la estupidez complaciente, tan habitual en nuestros días. El no lograr ver, el no lograr aprender de nuestro propio proceso de vida es la razón por la cual el cáncer se propaga con mayor intensidad. Andamos ciegos, entretenidos en el hacer del *pensar horizontal,* casi sin conciencia de la existencia del madero vertical de la cruz de nuestro pensar. La cura para el cáncer se inicia al movilizar nuestra atención para lograr perdonarnos a nosotros mismos por llevar tanto tiempo sumido en la estupidez individual, gestora de la resignación colectiva de la estupidez complaciente de la raza humana. Al perdonarnos, "-Señor, perdóname porque no sabía lo que hacía-" se abre la ventana para posiblemente encontrarnos en nuestro propio camino.

Gracias Valerie por regalarme el entendimiento de los ¿para qué? de los acontecimientos de la vida y por darme la fuerza para lograr reírme de mi propia estupidez e iniciar el camino de la sanación personal que siempre es una sanación colectiva. También agradezco a su bella madre, mi hermana Lourdes, porque en su silente sufrimiento ha sabido con alegría mantener el temple que lleva toda gran maestra-guía, ayudando con su divina alegría a muchos a iniciar el viaje para salir de la gran estupidez.

Quiero agradecer a la bendita energía de la alegría, la cual me ha regalado el entendimiento para sanar las heridas recolectadas en la trayectoria del camino. Con ella he podido perdonar y comprender que los acosos son simplemente maestros que llegan con un propósito y una misión. La única forma de descubrir cuál es su propósito es ver si de alguna manera puedes despertar la energía de la alegría a través del humor. ¿Podremos reírnos de nuestras seriedades? Reírnos de las terquedades y necedades que nos mantienen en un estado de acoso compulsivo hacia nuestra propia persona y los demás. Reírse con la sabia risa, que es consecuencia de compresión y no risa necia porque la risa necia es intento triste de intuición fracasada. Sí, exactamente, eso es todo; sabiamente reírnos de la propia estupidez es el gran descubrimiento. No queramos encontrar un maestro fuera de nuestra persona. Somos nosotros, y solamente nosotros, quienes tenemos el poder, la gracia y la confianza para activar la "mirada de proceso" de nuestra propia vida y lograr potenciar la energía sanadora de la alegría para activar la sabia risa y reírnos de nosotros mismos, mirar nuestros enredos y desatarlos con la gracia divina del humor honestamente celestial. La verdadera transformación interna o cambio radical en el ser humano no se inicia por medio de la razón y el conocimiento, sino por un acto humilde y la bendita gracia de la alegría. Cuanto más profunda es tu alegría, mejor es el ser humano que se forma en tu interior. La alegría es el intento que facilita el derrumbamiento de la nube ilusoria de la razón para encontrarse con la sabiduría integral del Ser que anida en ti, que te conecta con el Todo.

En este camino aprendí que en los cielos nos están observando, y nosotros la humanidad entera somos motivo de gracia y sabia risa para los grandes maestros. Su sonrisa es de dolor y compasión, pero la intensidad humorística con la que sonríen es gracias a que se nutren de la fuente de la energía divina de la alegría celestial para así tender puentes a través del *pensar vertical* y lograr sanar nuestros grandes juicios y prejuicios que tanto nos separan. Donde hay alegría, siempre hay amistad, unidad, amor y confianza. Aprendamos a sonreír y activemos nuestra energía de la alegría. Ésta reside detrás de nuestro niño herido; sanémoslo y comencemos a gozar de la energía alegre que se encuentra en todas partes. En la gracia de la hoja que desciende del árbol impulsada por el viento y se postra sobre tu libro; en la calma que se activa al pausar los pensamientos para estar atento al aquí y ahora, y disfrutar del aliento de vida, respirando conscientemente, el amor.

DOCE PASOS PARA DESARROLLAR LA MIRADA DE PROCESO

1. Identificar dónde estás atando tus pensamientos: pensamiento horizontal o pensamiento vertical. Identificar en qué parte de la balanza estás poniendo el peso de tus pensamientos y desarrollar estrategias prácticas que te faciliten sincronizar armoniosamente la cruz de tu pensar.
2. Verificar qué es lo que se está gestando en el cuerpo de tu E-moción. ¿Cuál es la energía en movimiento que recorre tu cuerpo? Es ansiedad, miedo-temor o es calma, pausa, unidad, alegría, comprensión.
3. Centra tu mirada-atención en el sentimiento que estás sintiendo y rotula tus sentimientos. Identifica conscientemente si estás en el emocionar-sin-lupa o en el emocionar-con-lupa.
4. Experimenta en la acción científica de mirar tus reacciones, e identifica de dónde provienen. Son actitudes aprendidas de un pasado relacionado con la organización social y familiar en donde fuiste criado, o has adoptado comportamientos aprendidos que verdaderamente no son propios.
5. Identificar y reconocer los patrones repetitivos a través de tu trayectoria de vida, nombrarlos y hacer un listado (ver en página 74, ejemplo de la línea trayectoria de vida). Saber es poder. Al VER-LOS patrones podrás iniciar el proceso de informarte, buscar datos en libros o internet sobre los pros y contras de dicho comportamiento. No se recueste de otros. No culpabilice identifique los ¿para qué? de la situación o de los momentos de crisis que encuentre en la línea de su trayectoria de vida.

6. Iniciar el proceso de activar el camino hacia la voluntad del bien. Orar, meditar, activar tu respiración o buscar un lugar tranquilo de tu hogar y transformarlo en tu espacio-templo para establecer una relación especial contigo mismo, un diálogo con tu energía vital, energía universal, energía abstracta espiritual, energía creativa, el TODO, DIOS.
7. Iniciar el proceso de ser guiado por la voluntad del bien y hacer todo lo que hace tan perfecto como le sea posible. Si está comiendo, coma bien, saludable y mastique 32 veces; sienta cómo la comida en su boca va cambiando de sabores según se transforma en líquido. No se trague completa la comida sin casi masticarla. Si está vistiendo a su hijo, vista a su hijo, mírelo a los ojos y busque el reflejo de su persona en el brillo de sus ojos; disfrute de los olores de su hijo, de sus gestos, del tamaño de su cuerpo. Cuando respire, respire conscientemente; sienta como el aire roza los conductos de su nariz y entra a sus pulmones. Visualice el amor de Dios, aliento de vida entrando en tu cuerpo y escaneando tu cuerpo físico, emocional, mental para limpiar todas sus necedades instantáneamente con su exhalación.
8. Practique el ejercio del humor hacia sí mismo. Identifique cuáles son los motivos de sus seriedades, sobre qué valores están fundamentados y ríase de usted y de los patrones enraizados en el *pensar horizontal*.
9. Ejercite cualidades prácticas en usted que unifiquen a otros. Ayude con buen humor a sus amigos a mirarse. No sea directo, no agreda con sus palabras. Busque el momento propicio para que sea la voluntad del bien a través de su voz interna la que lo guíe para propiciar un diálogo honesto desde el madero vertical espiritual de la unidad.
10. Nunca se acueste a dormir sin hacer un autoexamen o revisión nocturna. Aproveche cuando se esté bañando

para limpiarse con el agua, literalmente, de todas las necedades del día. Mientras se pasa el jabón por su cuerpo, vaya limpiando también su estupidez, sus malas reacciones a nivel físico, emocional y mental, visualice como toda esa basura y gasto de energía va cayendo en el fondo de su bañera y se va por el sifón. Ya limpio, revise qué puede hacer para gestar una voluntad que lo ayude a confiar y unificar en lugar de separar.

11. Comience su día, al abrir sus ojos, y antes de levantarse de la cama sea consciente de su respiración y conscientemente respire el aliento divino para movilizar las fuerzas superiores y su alma y prepararse para las tareas diarias. Puede pensar o visualizar algo realmente bello, leer algo que lo conecte con su *pensar vertical* o hacer una oración o una meditación que lo conecte con la energía universal del TODO, Dios.
12. Busque hacer labor voluntaria que lo conecte con otras formas de ver el mundo, preferiblemente con grupos o personas totalmente diferentes a su persona. Este paso le ayudará a practicar la humildad tan necesaria para flexibilizar la necedad de sus propios juicios. Activela escucha y la compasión. No busque ayudar a otros, pensando que ellos están mal y usted estás bien. Busque comprender su dolor. Ofrezca su apoyo para estar en el presente de lo que está aconteciendo. Practique el no hacer juicios, el no divagar en su mente, el estar presente en lo que sucede frente a sus ojos. Sea humilde.

DIEZ IDEAS SUGERIDAS DE POLÍTICAS PÚBLICAS PARA LA CONSTRUCCIÓN DE UNA SOCIEDAD NO VIOLENTA

1. Crear políticas públicas para transformar los patrones tradicionales de educar y movilizarnos hacia el constructivismo educativo en todas las esferas sociales para sincronizar el *pensar horizontal* con el *pensar vertical*. Un modelo abierto, dinámico, creativo, que acepte y facilite el cambio, que respete los saberes que cada ser humano trae consigo y que interconecte inclusivamente lo ya creado con las nuevas cualidades creativas gestadas por la totalidad del espíritu ciudadano. ¡Qué toda política pública se ate a la voluntad del bien por sobre todas las cosas! Educar hacia la conciencia de que todos somos ciudadanos de un mismo mundo; hacia la democracia participativa permitiendo el desarrollo espiritual y creativo de cada ciudadano.
2. Crear políticas públicas en todas las áreas: educación, economía, familia, vivienda, seguridad, entre otras que propicien espacios para el diálogo y la deliberación entre los ciudadanos, y que propicien el desarrollo de un pensamiento colectivo.
3. Crear un banco de recursos de moderadores de diálogos. Ofrecer educación, seminarios y talleres para moderadores de diálogos. Dichos espacios de diálogos serán moderados por personas preparadas para unificar, deliberar, lograr consensos; respetar las diferencias, sin agendas de ninguna clase. Su única agenda es la voluntad del bien en toda su expresión y el respeto por las diferencias y la creatividad.
4. Transformar toda acción de creación de políticas públicas hacia una mirada sincera al proceso y no

al producto. Toda política pública debería delinear estrategias para la evaluación y revisión de los procesos y los saberes construidos a través de la trayectoria de los proyectos, más que una simple revisión del logro de un producto y de la cantidad de personas impactadas por él.

5. Buscar fuentes económicas no dependientes que liberen el espíritu gestor hacia una política que unifique lo ya creado, en lugar de separarlo.
6. Políticas públicas que auspicien el capital de riesgo para aventurarnos a nuevas posibilidades creativas de microempresas que unifiquen en su desarrollo a otras microempresas en la gestión de crear nuevos modelos y procesos de capital que junte a los microempresarios y empresarios en lugar de separarlos.
7. Evaluar los procesos de inversión para dirigirlos a empresas y microempresas que propicien la unificación, la creatividad y los valores que ayuden a ahorrar de nuestro tiempo creativo para atar nuestro pensamientos en actividades que nos hagan respetar y no depender de los demás, que provean herramientas para enfocarnos en nuestros propios recursos, que unifiquen los recursos de diferentes grupos, ciudadanos, asociaciones sin fines de lucro, empresas y microempresas para la creación de proyectos colectivos que ayuden a un amplio grupo de ciudadanos desventajados.
8. Crear un banco de ideas colectivas para el desarrollo de una economía y una sociedad que propicie la unidad, el consenso y el espíritu creativo unificador que busca disolver la percepción de separabilidad de los ciudadanos.
9. La creación de un consejo asesor de ciudadanos que pueda ser gestor de la puesta en vigor de todos los puntos anteriores.
10. Respetar la unidad sobre todas las cosas.

LA HISTORIA DETRÁS DE TOREANDO EL BULLYING

Toda historia es una trayectoria, y dicha trayectoria es una experiencia de muchos procesos a nivel físico, emocional y mental. Dichos procesos son las huellas conscientes de la mirada del camino trazado y es ese proceso el verdadero maestro y constructor de toda materialización o producto. Es por eso que quiero dejar detalles explícitos de esa *mirada de proceso* histórica que fue demarcando el devenir y la formación del libro que acabas de leer. Este libro nace gracias al anzuelo que até a mi conciencia el mismo día que cumplí treinta años. Recuerdo que até como carnada en aquel anzuelo un pensamiento semilla que lee como sigue: "Vas a escribir un libro antes de haber cumplido cuarenta y cinco años." El cómo llegar es lo incierto. Cuando cumplí cuarenta años fue como si una explosión de preocupación explotara dentro de mi ser; explosión y ansiedad interna que inconscientemente hizo que comenzara a organizar toda esa información que había sido develada a mi conciencia desde las diferentes estratas de la trayectoria de mi Ser.

Recuerdo haber cumplido cuarenta y cuatro años y estar dando un masaje en silla a una dama. Al finalizar el pequeño ritual del masaje, cuando ella va incorporándose y regresando de la calma del masaje, se postra poco a poco en la silla, me mira para agradecerme, y con la mirada rápidamente conectamos y comenzamos a dialogar. Personalmente nunca antes la había conocido. En dicha plática descubro que ella es abogada (para cumplir con el *pensar horizontal*), y es dueña de una tienda que vende figuras de ángeles y ofrece el espacio para reunir gente a dialogar sobre los linderos espirituales del Ser (para poder cumplir con el *pensar vertical*). Quiero dar gracias a Joyce A. Pagán Nieves por ser la sabia maestra-guía y gestora que potenció en mí, sin ella saberlo, la determinación para delimitar el tema de todo el bagaje de mi ser hacia la problemática del *Bullying*. En aquella plática le comente que yo estaba escribiendo acerca de las parejas y cómo esa decisión inicial del propósito y misión por el cual uno busca a otro determina la forma de relación que va a tener a futuro. Recuerdo fielmente su mirada, el lapso de silencio, y cómo ella escuchaba detenidamente para luego decirme, "Tú no tienes que escribir de ese tema, de lo que tienes que escribir es del *bullying*. Escribe del *Bullying* y todo en tu vida va a dar un giro. Vas a poder salir de donde estás y la gente va saber quién tú eres." La determinación y la seguridad de sus palabras despertaron en mí una pequeña confusión y un raro entendimiento súbito que se instaló en algún lugar dentro de mi ser y continuó haciendo su trabajo hasta la redacción de este libro. Gracias porque después de ese pequeño suceso que duró unos veinte minutos (diez de masaje y diez de plática) pasaron seis meses y el libro fue terminado.

También doy gracias a mi hijo Sebastián Amar, quien fortificó la certeza dentro de mi Ser. Sebastián, que con tan solo once años, estando él y yo solos durante una de esas tertulias en un paseo en el auto me comenta - ¿Papi, tú sabes cuál es tu problema?- Yo hice silencio y lo miré detenidamente para ver qué era lo que iba a disparar -Papi, el problema es que tú haces muchas cosas a la vez pero no las terminas. Deberías empezar algo y terminarlo.Tienes que hacer una sola cosa a la vez y terminarla, y luego pasas a lo próximo.- Yo lo miré como un torero que quiere matar a su toro, pero en el fondo él tenía toda la razón. Fue en ese instante que la certeza mayor bajó del cielo a la práctica terrenal y se incorporó como un flechazo directamente en mi corazón. Mirándolo fijamente a sus ojos le dije: Sebastián, yo te prometo que así va hacer. Y le conté que había comenzado a escribir un libro y él era el único que lo sabía, y que necesitaba que guardara el secreto hasta que cumpliera con la promesa de terminar el libro. Recuerdo decirle: "Inicié el proyecto de escribir un libro y tú serás el primero en saber que lo he terminado. Te lo prometo. Y así fue. Sebastián, gracias por guardar el secreto hasta el momento idóneo en que fue develado.

Después del comprometido diálogo con mi hijo, todo comenzó a fluir. A todo lugar que visitaba surgía información específica sobre la problemática del acoso. Encendía la radio o la televisión y estaban hablando del Bullying, de la violencia o de la estupidez complaciente de la raza humana. Después que la información comienza a bajar tan fluida y se filtra a través de la creatividad de mi conciencia para lograr la formación final del libro, nace la gracia de identificar esas bellas personas con las que conté para cumplir con los aspectos de voluntad que movilizan la gracia y el gozo de organizar lo ya escrito. Quiero agradecer a estudiantes, amistades, familiares, técnicos de edición y al diseñador de esta publicación. Agradezco a Chistopher Figueroa, estudiante de uno de mis cursos universitarios, por motivarme a decidir escribir el libro. Cuando él con sólo 19 años me presentó su primera novela ya impresa, titulada "Straight Curves," suceso que me puso contra la pared al darme cuenta que me quedaba poco tiempo para cumplir la promesa antes de llegar a mis cuarenta y cinco años. Gracias Christopher por haberme inspirado sin darte cuenta y por tu ayuda con los detalles técnicos. También estoy agradecido por las conversaciones iniciales con la señora Vidya Sendra de la Asociación del Conocimiento Propio (ACOPRO), hija de doña Clara Lugo, gestora de los inicios del cooperativismo y Don Salvador Sendra, ambos ancestros del conocimiento espiritual en Puerto Rico y encargados de haber traído y hospedado en su finca en Caimito, en el 1968 a Jiddu Krisnamurti, quien participó de una presentación en la Universidad de Puerto Rico. Gracias Vidya por la grata plática y tus sabios consejos. Agradezco a Sonia Franqui por haber hecho la primera corrección del texto y por sus sugerencias prácticas de edición para darle orden y fluido al contenido. A Luz Carrero, por ser la Luz del detalle minucioso que llego en el momento preciso para hacer la segunda edición y corrección del texto, gracias por tu gran voluntad de propósito y tu sabia risa. Amarilis Veiga, gracias por tus sugerencias energéticas sobre el contenido del libro y por ayudarme a sortear el orden de los capítulos para que la energía fluyera. A Manuel Lobato Vico, por presentarme el concepto de *selfpublishing* e introducirme a las nuevas economías informáticas a través de su libro *Los principios económicos detrás de Internet*. A la Dra. Myrna Rivas Nina, por regalarme de su tiempo y haber revisado el libro con la mirada crítica de una psicóloga social y una amiga.

Agradezco a los hermanos Lizzet Rivera y a Harry Rivera por su apoyo solidario en diferentes niveles y al espacio de su tienda y Centro Holístico BOJIKE. A la gran familia que allí se reúne, por ser remanso de sabiduría ancestral y por acogerme en mis "momentos de crisis." A Juan Carlos Torres Cartagena, por ser mi amigo y el diseñador gráfico del libro o, como yo le suelo llamar, el sicólogo de arte creativo que transforma la esencia en imagen. También a la sensibilidad y la naturaleza humana que más se acerca a la naturaleza de todas las especies. Al lente de la mirada de Rosimar Rivera "Ochi", por las fotografías que acompañan las pausas y los cuentos que se encuentran a través del libro. A mi hermana Lourdes, por su apoyo incondicional y por haberme regalado la computadora portátil en la que pude agilizar el proceso de escribir para terminar el libro. Al equipo del Centro de Educación y Tecnología (CEDTEC) de la Universidad de Sagrado Corazón, por ese pequeño espacio recurso para profesores donde nacen las mejores tertulias. Quiero agradecer al profesor Víctor Manuel Rivera porque en una de esas tertulias en CEDTEC me regaló el título del libro cuando me dijo "eso de lo que estás hablando es como torear, la gente va a estar toreando el Bullying con tu libro." Gracias Noemi Torres por tus consejos y por estar siempre presente con el sabio sincero entendimiento sobre la integralidad del Ser.

En el recorrido por mi vida agradezco haberme topado con el profesor puertorriqueño Dr. Luis Moll de la Universidad de Arizona, quien me regaló su pasión por Lev S. Vygostky y me enseñó sobre la importancia de construir relaciones y amistades verdaderas en todas las clases sociales y culturas. Como bien dice él: "Es ahí en la práctica de relacionarse con otros que se aprende la gracia de la humildad." Agradezco al gran maestro de obra de construcción Miguel Padilla, por enseñarme que toda construcción es posible si se tiene la calma y el entendimiento para escuchar lo que el trabajo te está hablando. Para construir todo lo que hay que hacer es comenzar. Caminar el camino del trabajo y el propio trabajo te va hablando. No quieras saber mucho. Trata de hacerlo siempre bien, lo mejor que puedas. Gózate el trabajo y deja que el trabajo te hable. Gracias Miguelito, espero que algún día súbitamente te endereces.

Agradezco a mis amigos-hermanos Ovie Enrique Torres, Pedro Adorno Irrizarry y Miguel Zayas por ser testigos de la construcción espiritual de la trayectoria de mi vida que posee momentos alegres como tristes, y por ser constructores de experiencias conjuntas que les han ayudado a conocer los colores que llevo pintados en la piel del alma. Gracias a mis padres por ese proceso de su vida que gestó, educó y cuidó sabiamente de esta criatura y de mis cuatro hermanos. A todos aquellos que de una forma u otra conocen alguna parte de mi ser o se han postrado en algún lugar de ese camino que es mi vida para regalarme una grata sonrisa. Y como los últimos serán los primeros, agradezco el apoyo incondicional y el sacrificio de mi esposa Laura Codazzi por ser ella la única que sabe a ciencia cierta lo gozoso y difícil que es vivir con un "Ser-ser" que lleva dondequiera siempre al frente a su niño interno. Finalmente, quiero dar gracias a Dios por regalarme el amor, la voluntad, la libertad, la confianza y la accionada fe para adentrarme a perdonarme y curar las viejas heridas para así conocer honestamente la esencia del Ser que guía mi camino y por regalarme el lente de la *Mirada de Proceso* de la esencia propia de mi vida.

Gracias a los lectores por compartir de su energía conmigo y por llevar este proyecto a un segundo nivel; a la acción práctica de comprometerse con ustedes mismos para la transformación de la sociedad planetaria con la única misión de construir una sociedad honesta comprometida con la Voluntad del Bien. Si esta información logró movilizar algo interesante o positivo en usted, le agradeceré de corazón que recomiende este libro a sus seres más queridos.

Gracias por la sabia comprensión de que todo final es un verdadero comienzo.

Amén, Amén y Amén*
OM, Namaste
Aho Mitakuye Oyasin

Amén** (en hebreo, ןמא, ***amen; en árabe نيمآ ***āmīn***) es una palabra semítica que suele traducirse como 'así sea'. Empleada en el judaísmo, posteriormente también fue adoptada por las demás religiones monoteístas como el cristianismo y el islamismo. Comúnmente se le da el significado de 'así sea', 'palabra de Dios' o, simplemente, 'sí'. En efecto, la raíz de este adverbio implica firmeza, solidez, seguridad. En hebreo es la misma que se utiliza para el vocablo «fe." Decir *amén* es proclamar que se tiene por verdadero lo que se acaba de decir, con miras a ratificar una proposición o a unirse a una plegaria.

El ***om*** es el símbolo de lo esencial en el hinduismo. Om (aum) significa unidad con lo supremo, la combinación de lo físico con lo espiritual. Es la sílaba sagrada. El primer sonido del Todopoderoso. El sonido del que emergen todos los demás sonidos, ya sean de la música o del lenguaje.

Námaste es una expresión de saludo de Asia del Sur, originario de India. Se usa en varias tradiciones budistas, así como en numerosas culturas en Asia, tanto como el hola y el adiós del idioma español, para saludar, despedirse, pedir, dar gracias, mostrar respeto o veneración y rezar. Normalmente, se acompaña con una inclinación ligera de la cabeza, con las palmas abiertas y unidas entre sí ante el pecho en posición de oración. En India, el gesto se acompaña a veces con la palabra *námaste*. En Occidente, le han otorgado la interpretación que significa: "La luz de Dios en mí saluda a la luz de Dios en ti".

***Aho* Mitakuye Oyasin** en varios lenguajes nativos de Norteamérica, en Navajo y Lakota Sioux significa: "En nombre de todas nuestras relaciones", "Todos estamos relacionados." Todos somos Uno.

(La humildad reside en la inclusión, en la unión, en el reconocimiento del otro en uno y de Dios en todos y en toda cultura o religión. El acoso se disipa al identificar, construir y activar en todo momento la voluntad del bien en uno y en todas nuestras relaciones. Que la voluntad del bien se haga consciente, presente y se active en todo ser humano, aquí y ahora, en el planeta Tierra infinitamente por siempre.

Así nos ayude Dios. AMR)

Ochi

SOBRE EL AUTOR: Mirada a su proceso

Nació en San Juan, Puerto Rico el 20 de enero de 1968. De niño fue un curioso empedernido que descubría siempre detalles meticulosos ante la sorpresa jocosa del humor. La sonrisa es algo inherente que genética y amorosamente vive pegada a su piel. La pregunta y la verdad han sido sus hermanas, aunque éstas sean motivo de dolor y sufrimiento, alegrías y gozos. Es el cuarto de cinco hermanos y vivió entre el campo y la ciudad. En el verano de 1989, antes de terminar su bachillerato en psicología de la Universidad de Puerto Rico, a sus 21 años, viajó como misionero, de Obras Misionales Pontificias a la comunidad de Alta Victoria en el Departamento de Caquetá, Colombia, donde conoció la gracia y la humildad de esa sutil abundancia que se esconde detrás de la pobreza. Cumplió sus 22 años en Tucson, Arizona, en una aventura al desierto, a la fuente oculta de la calma, con la excusa de estudiar una maestría en psicología educativa. En el desierto descubrió las fronteras de la vida, la poesía, la soledad; y aprendió a ser puertorriqueño, a conocer sus costumbres y tradiciones desde la reflexión poética que reside en la distancia después de cruzar las grandes aguas. En el desierto se gestó el inicio de la "mirada de proceso"; y aprendió a ser tortuga, a cargar siempre con su casa a sus espaldas, la soledad, las penas, las alegrías y los logros que residen dentro de la fuente vital en uno mismo.

La tortuga curiosa, al toparse con las cercanías de la frontera con México, todos los veranos cargaba su mochila-casa a sus espaldas y cruzaba por tierra por el maravilloso desierto de Sonora. Aventuras que lo llevaron a conocer la idiosincrasia mexicana y los múltiples mundos que existen entre el Norte y el Sur. Conoció Nogales, Hermosillo, Guadalajara, la Ciudad de México, las pirámides, Real de Catorce, San Miguel Allende, Costa de Mazunte en Oaxaca, Juchitán de las Mujeres, Veracruz, Mérida, Isla de Mujeres, Cancún, Palenque, Chiapas. En unos de sus viajes al Sur camino por las veredas y los montes de la ciudad de San Cristóbal de las Casas en Chiapas, tres días antes de la Revolución Zapatista. Visitó el nacimiento sagrado de las aguas, donde se distribuye este elíxir a la mayoría de los poblados indígenas en la periferia de la ciudad de San Cristóbal. Sin querer quedó atrapado, en el amanecer del día primero de enero de 1994, debido a la Revolución Zapatista, en Palenque Chiapas en el Panchán de Don Moisés Morales Márquez, guía y experto de la cultura Maya y conocedor de la historia antropológica de las pirámides de dicha zona. (www.elpanchan.com)

Las experiencias de estos viajes le dieron la confianza y el suficiente valor a la tortuga para cruzar por tierra hacia Guatemala, Honduras, El Salvador, Nicaragua y Costa Rica. De regreso a Arizona, conoció la cultura Navajo a través de Casey Boone y sus tradicionales ceremonias espirituales de los *"Sweat Lodge",* que organizaba con el propósito de preservar las enseñanzas y el camino espiritual de su abuelo Dan Chee Casey. En su calma, la tortuga finalmente obtuvo una maestría en psicología educativa de la Universidad de Arizona en Tucson, Arizona. Estando en Tucson, estudió el arte del masaje japonés Shiatsu, y actualmente combina todos estos conocimientos transpersonales y holísticos en sus *Terapias de Aprendizaje de Mirada de Proceso* dirigidas a individuos, parejas y corporaciones. Actualmente, es profesor en la Universidad de Sagrado Corazón en Puerto Rico en las áreas de Psicología Educativa, Fundamentos de la educación, Psicología del desarrollo y Ciencias Sociales. En 1999, recibió una beca internacional de investigación y participo en el *"International Research Fellowship"* de la Fundación Charles F. Kettering en Dayton, Ohio, para adiestrarse en la metodología de los diálogos de participación democrática, donde gestó el trabajo investigativo de su primera guía para la deliberación ciudadana. Es autor de la guía deliberativa *Abandono escolar: ¿Qué opciones tenemos para estimular el potencial ciudadano de nuestros jóvenes?* Guía utilizada como núcleo generador de diálogos en torno al tema de la deserción escolar en Puerto Rico. Fue gerente de operaciones por ocho años del Centro de Investigación y Política Pública y director del programa de diálogos para la participación ciudadana de dicho centro. Reside en San Juan, Puerto Rico, con su familia, entre la calma de las verdes montañas de la comunidad de Caimito.

PEQUEÑA BIBLIOTECA SUGERIDA PARA LA CONSTRUCCIÓN DE LA MIRADA DE PROCESO

1. *El poder del ahora: Un camino hacia la realización espiritual*. Autor, Echart Tolle (www.namastepublishing.com)
2. *Alegría y curación*. Autor, Torkom Saraydarian (www.tsgfoundation.org/español)
3. *La cabaña*. Autor, WM. Paul Young. (www.theshackbook.com)
4. *SincroDestino*. Autor, Deepak Chopra
5. *Ética para amador*. Autor, Fernando Savater
6. *Los cuatro acuerdos*. Autor, Don Miguel Ruiz (www.miguelruiz.com)
7. *La educación de la conciencia*. Autores, Philip Snow Gang, Dorothy J. Maver y Nina Lynn Meyerhoff.
8. *Synchronicity: The inner path of leadership*. Autor, Joseph Jaworski
9. *Recuentos para Damián*. Autor, Jorge Bucay (www.bucay.com)
10. *El arte de respirar: Seis sencillas lecciones para mejorar la salud, la interpretación artística y el rendimiento atlético*. Autor, Nancy Zi
11. *La oración de la rana (I y II)*. Autor, Anthony de Mello
12. *No quiero crecer.* Autor, Pilar Sordo (www.pilarsordo.cl)

Buen provecho, y que tenga una sana digestión de estas lecturas para que se geste en usted la voluntad que lo guíe hacia la activación súbita del despertar de la información valiosa que reside sólo y únicamente dentro de su Ser.

EDITORIAL PAUSAR

Todo está dicho...
para el que tiene oídos y hace pausas para escuchar.
-AMR

Editorial Pausar surge como la herramienta base de autogestión del autor para la publicación de Toreando el Bullying y su versión en inglés, *Bullfighting Bullying,* y como medio para publicar sus próximos libros y toda aquella información develada a la conciencia que esté atada a la esencia de PAUSAR. PAUSAR es ese detente que necesitamos para reflexionar, para mirar más allá de lo que nuestra mente y nuestros ojos no pueden ver. Es la PAUSA lo que hace falta para comprender la música y son los silencios los que construyen toda verdadera obra musical. PAUSAR lleva inscrito en su nombre el hecho de que no solamente debemos detenernos, sino también comprometernos con USAR en la acción comprometida el conocimiento recibido y que se devela a nuestra conciencia desde las inmediaciones profundas de nuestra alma. "PA' USAR" toda esa información develada a nuestra conciencia después de haber leído alguna publicación del Editorial.

Gracias por su patrocinio.

Te invitamos a continuar la experiencia de *Toreando el Bullying* en:

WWW.TOREANDOELBULLYING.COM

www.facebook.com/ToreandoElBullying

Comenta cómo te hizo sentir Toreando el Bullying, comparte tus reflexiones y lee lo que otros también dicen.

Para contrataciones, talleres o seminarios escribirle a:
toreandoelbullying@gmail.com

También puede escribir a:
267 Calle Sierra Morena PMB 90
San Juan, Puerto Rico 00926

QUERIDO LECTOR:

Te invito a que en estas líneas hagas el ejercicio de tu mirada de proceso.

Repasa tu trayectoria y circula los años que marcaron tu vida. **(Ver págs. 73 y 74)**

0 1 2 3 4 5 6 7 8 9 10 11 12 13 14 15 16 17 18 19 20 21 22 23 24 25 26 27 28 29 30 31 32 33 34 35 36...

37 38 39 40 41 42 43 44 45 46 47 48 49 50 51 52 53 54 55 56 57 58 59 60 61 62 63 64 65 66 67 68...

69 70 71 72 73 74 75 76 77 78 79 80 81 82 83 84 85 86 87 88 89 90 91 92 93 94 95 96 97 98 99 100...

AMR

Ochi

AMR

Made in the USA
Middletown, DE
04 June 2022